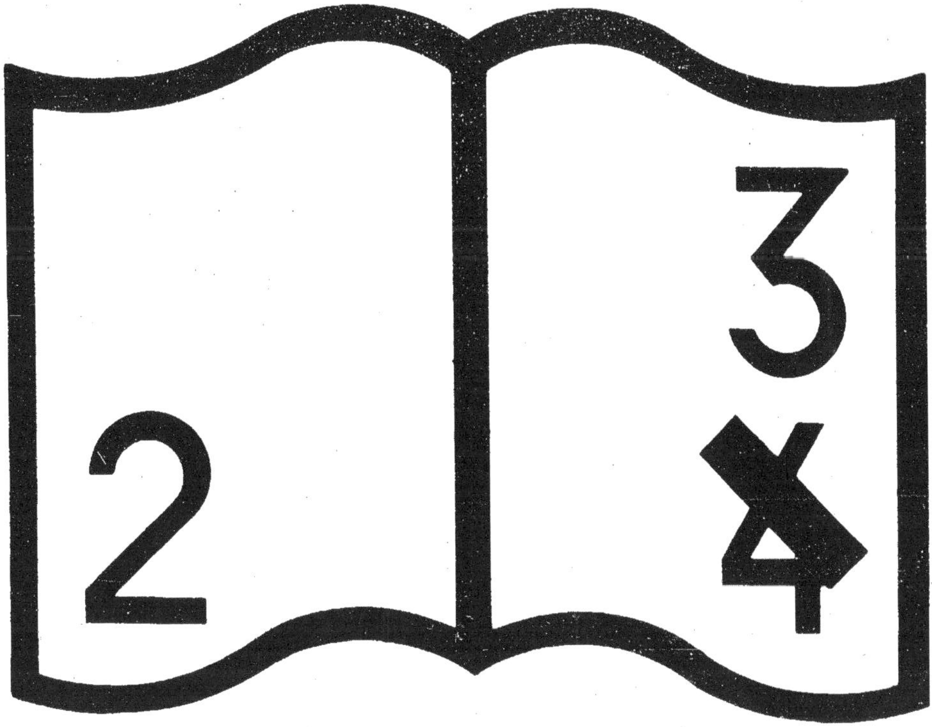

Pagination incorrecte — date incorrecte

NF Z 43-120-12

Reliure serrée

LE RETOUR
DES ANCIENNES VERTUS
ET DE
L'ANCIENNE POLITESSE FRANÇAISE.

Choquet del.

L'ancienne politesse française.

GUIDE
DE LA JEUNESSE
A SON ENTRÉE DANS LE MONDE,

OU

LE RETOUR
DES ANCIENNES VERTUS.

LEÇONS d'un Oncle à ses Neveux et à sa Nièce; appuyées d'exemples et de morceaux de morale puisés dans la vie des personnages et dans les ouvrages des Auteurs les plus célèbres;

Par M. H. LEMAIRE.

Un volume in-12, orné de jolies figures.

A PARIS,

Chez BELIN-LEPRIEUR, Libraire, quai des Augustins, n°. 55.

1818.

PRÉFACE.

Il existe déjà bien des ouvrages de morale pour la jeunesse : nous lui offrons cependant ce nouveau livre*, dont le genre est encore le même. Il appartient plus que les autres au temps où nous vivons, et cet avantage est celui que nous avons principalement cherché à lui assurer. Pour le rendre plus intéressant et lui attribuer plus d'autorité, nous l'avons composé en partie de citations remarquables et de morceaux de morale extraits des plus célèbres écrivains, ayant soin d'indiquer ces morceaux et de nommer même leurs auteurs à mesure que nous les transcrivions. Nous réclamons l'indulgence pour la partie du livre qui n'a point ce caractère sacré : nous y avons mis tout notre zèle et toute notre attention ; puisse l'influence des glorieux collaborateurs que nous nous sommes ainsi donnés avoir assez augmenté notre talent pour qu'il ne se trouve point une différence trop rebutante entre ce qu'il a produit de lui-même dans ce livre et ce qu'il y a introduit d'étranger ! Quant au personnage dont les discours en font la distribution, c'est un personnage purement imaginaire qui nous a servi à lier les différentes parties de notre travail, et dont nous avons cru le caractère propre à en bannir la monotonie.

LE RETOUR
DES ANCIENNES VERTUS
ET DE
L'ANCIENNE POLITESSE FRANÇAISE.

CHAPITRE PREMIER.

De quelques défauts d'une partie des hommes de notre temps, et des réflexions par lesquelles ils doivent s'en corriger.

Vous me reprochez, mon neveu, de vous avoir tous quittés brusquement, et vous avez dit à madame de Sirmont, que je n'ai fait que paraître et disparaître à Paris, au milieu de ma famille, comme si je m'étais déplu avec vous, et que vous m'eussiez donné quelque sujet de mécontentement. Eh bien, oui, je me suis déplu avec vous, et vous m'avez donné des *sujets de mécontentement*: mon neveu, l'officier de troupes de terre, je vous le dis, corbleu ! avec toute la franchise d'un vieil officier de marine ; et quoiqu'aussi irrité contre votre sœur et votre frère que contre vous, c'est par vous que je commence la leçon, pour l'honneur de l'uniforme que vous avez porté pendant deux ans, et qui semble vous avoir donné des idées toutes différentes de celles que vous devriez tenir de lui.

J'arrive à Paris. J'entre chez mon frère, sans me faire annoncer. Il est retenu par ses infirmités dans son fauteuil... Trouvé-je ses trois enfans empressés autour de lui, lui prodiguant des soins et des consolations ? Non, ils sont occupés à quereller avec lui, et à quereller très-vivement... Quereller avec son père : morbleu !.... et vous paraissiez le plus acharné, mon neveu Alexandre ! Savez-vous que dans ce moment, vous ne ressembliez guère à votre patron. Dans les batailles, terrible, et plus terrible que vous n'avez jamais pu l'être, cet Alexandre, qu'en qualité de militaire vous avez pris pour guide en devenant soldat, était peut-être le fils le plus soumis et le plus dévoué qu'il y eût au monde. Il ne querellait pas son père, lui; et il se montra au contraire toujours disposé à le défendre contre les querelleurs. Quinte-Curce, que vous feuilletez sans doute de temps en temps, en cite un exemple intéressant au livre VIII de l'histoire qu'il a écrite de ce Prince.

Les troupes de Philippe étaient composées de Macédoniens et de soldats tirés des autres parties de la Grèce. Ces guerriers de différente origine prirent dispute ensemble et en vinrent aux mains, comme il n'arrive que trop souvent en pareil cas. Le roi de Macédoine, instruit de ce malheur, accourut pour remettre la paix parmi ceux qui, tous, devaient se regarder comme des frères. On continua de combattre en sa présence. La voix du chef fut méconnue, et sa personne même finit par être attaquée. Jamais Philippe ne s'était trouvé dans un aussi grand péril au milieu des ennemis : il reçut plusieurs coups de lance, et fut même renversé de son cheval. C'en était fait de lui sans votre patron, mon neveu, qui, tout jeune encore, s'élança à travers les dards et les piques, et fit à son père un bouclier de son corps. Il ne le dégagea cependant pas sans de grands dangers pour lui-même, et il n'y parvint qu'ayant ses armes froissées en plusieurs endroits, et après avoir tué de sa propre main un assez grand nombre des assaillans.

Loin que la profession des armes puisse être une raison pour nous de porter moins de respect et de montrer moins d'égards aux auteurs de nos jours, elle doit nous affermir dans ce respect et nous rendre plus scrupuleux sur ces égards. Entre autres raisons pour que cela se passe de cette manière, témoignons ainsi qu'en exposant notre vie pour l'état, nous lui sacrifions une chose à laquelle nous attachons un grand prix, et dont nous tenons un grand compte à ceux qui nous l'ont donnée.

Les lauriers que nous cueillons dans les champs de la gloire pourraient-ils servir à cacher à nos yeux ce livre divin où sont tracés en caractères célestes nos devoirs envers les mortels sans lesquels nous n'existerions pas ? Eh! nous ne devons désirer de les cueillir, ces lauriers, que pour en ombrager leur front, et leur en faire une noble couronne! Après la bataille de Leuctres, qu'il gagna sur les Spartiates, *Epaminondas*, qui commandait les Thébains, ne s'écria-t-il pas : « O mon père ! ô ma mère ! quels seront vos transports en apprenant la nouvelle de ma victoire ! combien cette idée si chère ajoute à mon bonheur ! »

Mon neveu, quand le souvenir des petits exploits par lesquels je sais que vous vous êtes signalé vers la fin de la dernière guerre égarera assez votre raison pour vous donner l'idée de manquer à mon frère, ou de quitter au moins le ton respectueux que vous devez toujours garder avec lui, rappelez-vous ce que fit Alphonse, fils de Ferdinand II, roi de Léon, au moment même où il venait d'accomplir un des plus beaux faits d'armes ; et ces deux souvenirs, s'aidant l'un l'autre, vous placeront dans la disposition d'esprit où il sera convenable que vous vous retrouviez.

Ferdinand II étant informé que ce fils, qui mérite d'être donné en exemple à tous les autres, revenait victorieux des Maures qu'il l'avait envoyé combattre, voulut, malgré ses infirmités, aller à sa rencontre. Il ordonna donc qu'on le mît dans une litière, et qu'on le portât au-devant de lui.

Du plus loin qu'Alphonse aperçut son père, il sauta en bas de son cheval, courut à lui, le serra dans ses bras, et se mit ensuite à marcher respectueusement à côté de sa litière. Ferdinand II essaya vainement de le renvoyer à son coursier, lui représentant qu'il n'était pas séant qu'il allât à pied, quand tous ceux qui l'accompagnaient étaient à cheval : *Ils ne sont pas vos fils*, répondit Alphonse.

Lorsqu'ils furent arrivés au palais, Alphonse prit son père dans ses bras, le transporta de sa litière dans son appartement, et, l'embrassant tendrement, lui dit : « Mon père, vous connaissez jusqu'où va votre tendresse pour moi, mais vous ignorez jusqu'où va la mienne pour vous ; elle ne se bornait point à vous accompagner à pied : j'étais jaloux du service que vous rendaient vos domestiques en portant votre litière ; j'ai été tenté plusieurs fois de leur dire de s'arrêter, et de vous prendre sur mes épaules, afin de vous porter moi-même. »

Votre patron, que je revendique aussi pour le mien à cause de sa valeur brillante, combattit contre des rebelles pour sauver son père ; mais, de nos jours, un jeune héros immortalisa notre marine par un trait de piété filiale plus beau encore. Dans l'occasion où nous l'avons cité, des chicaneurs pourraient dire que le fils de Philippe obéit à un mouvement irréfléchi, et compta d'ailleurs sur son courage pour échapper lui-même au danger dont il voulait délivrer son père ; mais au combat d'Aboukir, mon jeune compagnon d'armes, le fils de Casa Bianca, fit, par amour pour l'auteur de ses jours, une action dont la critique ne pourra jamais affaiblir le mérite, de quelque côté qu'elle l'envisage et la présente. Là le dévouement fut absolu, et le danger calculé : là il fut question de partager avec son père, un péril contre lequel la prudence, la force et l'habileté humaines ne pouvaient rien, et que le fils eût pu éviter personnellement, s'il se fût seulement conformé à l'ordre formel de son chef.

L'officier Casa Bianca commandait un des vaisseaux de la flotte française, qui succomba dans cette affaire. Il reçut à l'épaule une blessure grave, et dans ce même moment le feu prit à son bord. Son fils, âgé de dix à onze ans, qui, depuis le commencement de l'action, combattait à ses côtés avec le courage et le sang-froid d'un vieux guerrier, se jeta aussitôt sur lui pour étancher son sang et lui donner tous les secours que sa situation exigeait, bien résolu à ne pas le quitter, quelle que pût être l'issue du combat, et à le sauver ou à périr avec lui. Le vice-amiral de la flotte, voyant tout désespéré, lui ordonne de se jeter dans une chaloupe, et de se dérober ainsi, comme il pourra, à l'horrible incendie qui dévorait le vaisseau: « *Monsieur*, répondit le bon fils, *je veux sauver mon père auparavant, ou mourir avec lui* », et effectivement ce ne fut qu'avec son père qu'il quitta le navire, qui déjà se remplissait d'eau. Il avait lié cet objet si touchant de sa tendresse sur un mât abattu à grands coups de hache; il s'y était fait attacher lui-même, ayant le vice-amiral à son autre côté. Hélas! cette auguste embarcation s'avançait avec quelque espérance vers un navire peu éloigné, quand un autre sauta avec un fracas horrible, et ouvrit en retombant un gouffre profond, où furent engloutis le jeune héros et ses deux compagnons d'infortune. *Mon père!*

ô mon père ! furent les seuls mots qu'un matelot, qui se sauvait à la nage, entendit prononcer, dans ce moment funeste, au jeune Casa Bianca.

Ce fils si dévoué, voyant l'auteur de ses jours exposé au danger presque certain de périr, voulut que le salut ou la perte fussent communs entre eux. La vie d'un père lui était un bien trop précieux pour qu'il crût pouvoir lui survivre. Ce bien est, en effet, le plus précieux de tous, et il n'en était aucun autre que les anciens fissent entrer en comparaison avec lui. « Qu'avez-vous de plus cher et de plus en honneur après les dieux, demandait-on à un de leurs sages ? *Mon père*, répondit-il sans hésiter, *et la femme généreuse qui m'a porté dans son sein, et a ainsi, pendant neuf mois, bravé, pour me donner la vie, les dangers les plus terribles qui pussent menacer la sienne* ». Quand, après la prise de Troie, les Grecs déclarèrent que tout citoyen était maître d'emporter sur soi ce qu'il avait de plus précieux, Énée, l'un des chefs troyens les plus vaillans, songea-t-il à conserver les richesses ou même les trophées que pouvait renfermer sa maison? Non; il courut à son père Anchise, accablé de vieillesse et d'infirmités, et lui adressa ces paroles, si tendres dans Virgile, et si bien rendues par son traducteur :

Eh bien, mon père, au nom de mon amour pour vous,
Laissez-moi vous porter, ce poids me sera doux :
Venez, qu'un même sort tous les deux nous rassemble;
Venez, nous périrons ou nous vivrons ensemble !

et il chargea le vieillard sur ses épaules; puis, suivi de son fils et de son épouse, il l'emporta à travers les débris de la ville embrasée. Ce trait parut si beau, si sublime aux vainqueurs, qu'ils lui rendirent sur-le-champ ses biens, à lui, et à tous les Troyens de sa famille.

Plus tard, voici comment les même

auteurs font pleurer au même héros, ce père qu'il avait si heureusement tiré du milieu des ruines de sa patrie :

« Troyens, l'année entière a terminé son cours,
Depuis que dans ces lieux, de l'auteur de mes jours,
J'ai déposé la cendre, et qu'à cette ombre chère
J'ai dressé, de mes mains, un autel funéraire.
Voici même, je crois, ce jour infortuné
Où mon père.... grands Dieux! vous l'avez ordonné!
Jour à jamais funeste, à jamais vénérable!
Oui, que le sort, pour moi toujours inexorable,
Me jette dans les fers, m'exile sur les flots,
Dans les Syrtes déserts ou sur les mers d'Argos,
Ce grand jour reverra mes mains religieuses
Honorer son retour par des pompes pieuses;
Et des dons solennels acquitteront mes vœux.
Enfin, bénissons tous la volonté des Dieux!
Nous voici sur sa tombe, et sur sa cendre même;
Nous sommes dans les ports d'un prince qui nous aime:
Honorez donc Anchise, implorez donc les vents;
Et qu'ils souffrent qu'un fils, en de plus heureux temps,
Dans des temples pompeux consacrés à sa gloire,
Puisse ainsi, tous les ans, célébrer sa mémoire. »
Il dit, et ceint son front du myrte paternel.
Chacun suit son exemple; ensuite vers l'autel
Il marche environné des flots d'un peuple immense.
Au cercueil de son père il arrive en silence;

Deux fois de sang sacré, deux fois de vin nouveau,
Et deux fois d'un vin pur arrose son tombeau.
Il fait pleuvoir les fleurs, il soupire, et s'écrie :
« Salut, objet sacré ! salut, ombre chérie !
Je puis donc voir encor ton pieux monument ;
De ma douleur, hélas ! trop vain soulagement !...
Quels que soient ces états où le destin m'appelle,
Que m'importe sans toi ma fortune nouvelle ?
Que m'importe un empire où tu ne seras pas?
Le ciel n'a pas voulu qu'en ces heureux climats,
Où m'attend, me dit-on, un destin plus prospère,
Mon bonheur s'embellît du bonheur de mon père ! »

Ce n'est pas seulement quand nous avons à nous louer des bons traitemens des auteurs de nos jours que nous leur devons de telles marques de notre piété filiale ; rien dans leur conduite envers nous ne saurait nous autoriser à l'indifférence, et surtout au mépris et aux procédés offensans qui en sont la suite. Ils nous ont donné la vie : ce bienfait seul nous impose le devoir d'une éternelle reconnaissance. Que leur demeure soit toujours pour nous un lieu saint, et qu'ils n'y trouvent jamais, de notre part, que soumission, respect et déférence.

La maison paternelle est un temple sacré ;
Les auteurs de nos jours en sont les dieux propices ;
Et l'amour filial, dans son culte épuré,
Devrait même excuser jusqu'à leurs injustices.

Ainsi s'exprime un auteur moderne. Et moi, je voudrais bien, mon cher neveu, n'avoir à vous reprocher dans cette occasion que de vous être révolté contre une injustice de votre père ; mais il ne s'agit pas de cela du tout, et dans la querelle où je vous ai surpris contre mon pauvre frère, c'est vous qui aviez tort. Mon frère vous reprenait du dédain affecté que vous montrez pour la religion ; pour la religion, mon neveu ! Savez-vous qu'il n'est que les faux braves qui refusent de plier le genou devant elle, et de lui brûler un légitime encens ? C'est sur cet article que les exemples ne manquent pas, et l'on peut choisir parmi les plus célèbres et les plus respectables.

Bayard mourut en priant Dieu, monsieur ; et ce fut le visage tourné contre l'ennemi qu'il le pria, tant il regardait peu cette action comme une faiblesse. Il le pria en se servant, comme d'une croix, de la garde de cette épée avec laquelle il s'était élancé vingt fois au milieu des bataillons ennemis, pour leur arracher leurs drapeaux et la victoire !

Après le gain de la bataille de Rocroy, quel fut le premier mouvement du vainqueur, connu depuis sous le nom si glorieux de *grand Condé !* ce premier mouvement fut de se jeter à genoux sur le champ de bataille même, et d'y rendre grace à l'Éternel ; et le duc d'Enghien avait dix-huit ans, et était prince ! *et juvenis, et princeps, et victor !*

Turenne, au nom duquel je vous ai vu si souvent tomber dans une juste admiration, était aussi célèbre par sa piété que par son courage et ses talens militaires. Dans sa vie privée, il révérait les pratiques les moins importantes que l'église a consacrées ; dans sa vie publique, il forçait ceux qui se trouvaient soumis à ses ordres de respecter cette même religion à laquelle il rapportait toutes ses actions et toutes ses pensées. Au moment où il se préparait à aller attaquer l'ennemi, on l'a vu s'écarter dans les bois, et, la pluie sur la tête, et les genoux dans la boue, y adorer et y implorer Dieu, comme l'unique source d'où il pouvait tenir ses succès. Il ne se passait pas un seul jour sans qu'on célébrât la messe dans son camp. Le sentiment de la religion ne l'abandonna dans aucune de ses opérations militaires : on voit dans ses lettres qu'il croyait que tout lui venait par elle, avantages et revers, embarras et moyens d'en sortir.

« Nous allons commencer la campa-
« gne, dit-il, dans une de ces lettres ; j'ai
« bien prié Dieu, ce matin, qu'il me fasse
« la grace de la passer en sa crainte, ne

« connaissant pas de plus grand bien « que d'avoir la conscience en repos, « autant que notre fragilité peut le per- « mettre. *A Marle*, le 11 juin 1656.

« Toutes choses vont fort bien jus- « qu'à présent, dit-il dans une autre; « mais comme les succès sont toujours « douteux, il faut se remettre à la vo- « lonté de Dieu. *Au camp devant Va- « lenciennes*, le 18 juin 1656. »

Il s'exprimait ainsi après la bataille des Dunes, si glorieuse pour lui :

« Je vous fais ce mot pour vous dire « qu'il s'est passé aujourd'hui une fort « belle action, dont il faut louer Dieu : « monsieur le Prince et don Juan ont été « entièrement défaits ; c'est une grande « bénédiction de Dieu que cette affaire « ait si heureusement réussi. J'espère « qu'il nous bénira en autre chose ; il « faut se remettre à sa volonté. *Aux « Dunes, près Dunkerque*, le 14 juin « 1658. »

Je vois des gens de notre profession fuir la religion uniquement parce qu'ils croient qu'elle est propre à détourner de grandes actions : ces gens-là, mon neveu, n'ont une véritable grandeur ni dans l'ame ni dans l'esprit : ils ont le jugement faux, et la conception mesquine. Le véritable chrétien est un héros fait pour surpasser tous les autres hommes dans l'état qu'il embrasse, dans les devoirs qu'il s'impose. Il se fera remarquer parmi les guerriers, comme parmi les magistrats et les chefs du gouvernement. Quels soldats furent plus valeureux et plus dévoués parmi les Romains, que ceux de cette légion célèbre qui, tout entière, appartenait au christianisme? Quels magistrats plus intègres que ces hommes renommés dans l'histoire de tous les peuples chrétiens par leur attachement à la religion? Quels rois plus dignes de l'être que les rois essentiellement pieux?

Écoutez ce que dit sur ce sujet un de nos prédicateurs les plus en réputation. Toutes les fois qu'il prêchait, celui-là comptait dans son auditoire les hommes les plus distingués et les plus éclairés de la France : vous pouvez bien aussi lui faire la grace de l'entendre un moment.

« Ce n'est pas d'aujourd'hui, dit Bourdaloue, que les mondains ont eu, sur le sujet de la piété et de la sainteté chrétienne, les plus injustes et les plus malignes idées ; et c'est de tous temps qu'il s'en est trouvé d'assez aveugles, ou plutôt d'assez pervertis, pour prétendre que la perfection évangélique, par les liaisons essentielles qu'elle a avec l'humanité, rendait les hommes incapables des grandes choses ; qu'elle leur abattait le courage ; qu'elle détruisait en eux les sentimens d'une noble et honnête émulation ; qu'elle y affaiblissait les lumières de la prudence ; en un mot, qu'en suivant ses lois et s'attachant à ses principes il était impossible de prospérer dans le monde : tentation dangereuse dont l'esprit de mensonge s'est prévalu pour étouffer dans les ames faibles les semences de la religion, et pour faire, sous le prétendu nom de politiques, un nombre infini de libertins et d'impies........................

.... S. Louis, tout saint roi qu'il était selon l'Évangile, n'a pas laissé d'être, selon le monde, non seulement un grand roi, mais sans contestation un des plus grands rois qui jamais aient tenu le sceptre. Je dis grand dans tous les états où la grandeur d'un souverain peut et doit être considérée ; car il a été grand dans la guerre, il a été grand dans la paix, il a été grand dans la prospérité, il a été grand dans l'adversité, il a été grand dans le gouvernement de son royaume, grand dans sa conduite avec les étrangers, grand dans l'estime de ses ennemis même; et tout cela par cette sainteté de vie qui brillait dans sa personne, et qui, malgré la politique du monde, est le caractère de distinction qui l'a élevé au-dessus de tous les rois de la terre.

« S. Louis, par une alliance rare et qui ne convient qu'aux héros, a été tout à-la-fois un roi guerrier et un roi pacifique; et, comme tel, il a encore paru entre les forts...... Il n'a point aimé la paix pour vivre dans l'oisiveté et dans la mollesse, et il n'a point fait la guerre pour chercher une fausse gloire, ni pour satisfaire une inquiète et vaine ambition. Il a fait la guerre pour réprimer la rebellion et pour pacifier ses états, et il a entretenu la paix dans ses états, pour aller déclarer la guerre aux ennemis de Dieu. Or, par là, dans l'une et dans l'autre, il s'est acquis la réputation du plus grand roi de la chrétienté. En effet, quand je lis dans nos annales ces mémorables expéditions de S. Louis contre les princes infidèles, et ces exploits de guerre dans l'Orient, si approchans du miracle ; quand je me représente ce monarque, à la tête de l'armée française, forçant le port de Damiette, faisant sur un rivage ennemi la plus hardie descente qui fut jamais ; et, à la vue de vingt mille combattans qui s'y opposaient, se rendant, malgré toute leur résistance, maître de la place ; quand je me l'imagine aux prises avec les Turcs et avec les Sarrasins, dans ces trois fameuses batailles qu'il leur livra, et où, comme parle un de nos historiens, il fait tout ensemble la fonction de soldat, de capitaine et de général, inspirant aux siens par sa présence toute l'ardeur de son courage, se dégageant lui seul d'un gros d'ennemis qui le tenaient enveloppé, et sortant de là victorieux, sans autre secours que celui de sa propre valeur ; quand je compare tout cela avec ce qu'on nous vante des siècles profanes, je ne crains point d'exagérer en disant que ni la Grèce ni l'ancienne Rome n'ont jamais rien produit de plus héroïque. Mais quand je viens d'ailleurs à penser que ce qui rendait ce grand roi si intrépide, si fier, si invincible, c'était le zèle de la cause de Dieu pour laquelle il combattait, et l'intérêt de la vraie religion qu'il défendait : ah ! chrétiens, je conclus qu'il n'est donc pas vrai que la sainteté affaiblisse le courage des hommes ; et je conçois, au contraire, que le vrai courage, et celui des parfaits héros, ne peut être inspiré aux hommes que par la vraie sainteté.

« Je sais que S. Louis, au milieu de ses glorieux succès, a eu des disgraces et des adversités à essuyer, puisqu'il fut fait prisonnier dans le premier de ses voyages, et qu'il mourut dans le second. Mais c'est justement dans ces adversités et ces disgraces, qu'il me paraît encore plus grand et plus supérieur à lui-même : car je ne m'étonne pas que, malgré les prodiges de sa valeur, un prince aussi généreux que lui soit tombé, dans la chaleur du combat, entre les mains de ses ennemis : ç'a été le sort des plus grands capitaines ; mais qu'ayant été pris dans le combat, il ait soutenu sa captivité aussi dignement et aussi héroïquement qu'il la soutint ; mais que, dans sa prison, ces infidèles mêmes l'aient honoré jusqu'à vouloir se soumettre à lui, jusqu'à vouloir le choisir pour leur souverain ; mais qu'en recouvrant sa liberté, il ait recouvré en même temps toute sa puissance, comme nous l'apprenons de son histoire ; mais qu'avant de quitter la Terre sainte, il ait rétabli et mis en état de défense toutes les places qu'il y avait conquises ; mais qu'au lit même de la mort, il ait obligé le roi de Tunis à accepter la paix à des conditions aussi glorieuses pour la France qu'elles lui étaient avantageuses et utiles, c'est ce qui pourrait vous surprendre aussi bien que moi si je n'ajoutais que ce furent là les merveilleux effets de la piété de S. Louis et de son éminente vertu : car, ce que je vous prie de bien remarquer, si les Sarrasins délibérèrent, tout prisonnier qu'il était, d'en faire leur roi, ce ne fut, dit Joinville, que parce qu'en traitant avec lui ils ne purent se défendre d'avoir pour lui une vénération secrète; que parce qu'en l'observant de près il leur parut un homme divin ; que parce qu'ils se sentirent touchés, ou, pour mieux dire, charmés de la sainteté de sa vie. Voulez-vous encore bien connaître quelle impression son édifiante et magnanime sainteté fit dans les esprits et dans les cœurs de ces barbares ? Écoutez-le parler dans les conférences qu'il eut avec eux. Il est en leur puissance, et il s'explique devant eux avec autant de liberté que s'il était leur maître ; ils le tiennent captif, et c'est lui qui leur fait la loi ; ils lui demandent sa rançon, et il leur répond qu'il n'y a point de rançon pour les rois ; qu'il ne refuse pas de payer celle de ses soldats, mais que sa personne sacrée ne doit être mise à nul prix. Le sultan est frappé de cette grandeur d'ame, et en passe par où il veut. Avant de le mettre en liberté, on demande qu'il s'oblige par un serment solennel à renoncer à sa religion s'il manque à sa parole, et il déclare qu'un roi chrétien ne connaît point d'autre serment que sa parole même, et qu'il ne sait ce que c'est que de mettre sa religion en compromis, sous quelquè condition que ce puisse être. Sur cela sa parole seule est acceptée. On lui rapporte avec effroi que les propres sujets du sultan viennent de l'assassiner, et que dans une pareille conjoncture tout est à craindre pour lui; mais il demeure ferme et intrépide. Celui des conjurés qui a fait le coup lui demande une récompense pour l'avoir délivré de son ennemi; mais Louis, imitant la piété de David, et sans se mettre en peine du danger où il s'expose, reproche à ce parricide sa perfidie. Or, il n'y avait que la sainteté qui pût le soutenir de la sorte, et lui inspirer ces sentimens d'une droiture et d'une générosité toutes royales. D'autres auraient au moins dissimulé : mais lui, jusque dans ses fers, il est libre; et l'esprit de Dieu qui le possède, l'élève au-dessus de toutes les considérations et de tous les ménagemens humains.

« Un roi si grand dans l'adversité, ne devait pas l'être moins dans la prospérité : aussi, selon le rapport des auteurs contemporains, il n'était rien de plus magnifique et de plus auguste que la cour de S. Louis; rien de plus pompeux que l'appareil où il se faisait voir aux jours de cérémonie. Ne surpassait-il pas en cela tous les rois ses prédécesseurs, parce qu'il se croyait obligé de représenter en ces occasions la majesté royale dans tout son lustre, et de paraître aux yeux de son peuple comme la vive image de Dieu ? Jamais, depuis l'établissement de la monarchie, la France n'avait été si florissante, si abondante, si opulente ; jamais on n'y avait vu les sciences aussi bien cultivées, les lois aussi bien observées, la justice aussi bien rendue, les charges exercées aussi dignement et avec autant d'honneur, le commerce établi aussi sûrement et avec autant de tranquillité ; en un mot, jamais le nom français ne s'était trouvé dans un si haut crédit : et d'où venait cela? de la piété de S. Louis, qui, comme roi, se faisait une religion d'appuyer et d'autoriser tout ce qui contribuait à la félicité de son peuple ; persuadé qu'il n'était roi que pour rendre son peuple heureux. C'est cela même qui le rendit si grand dans la conduite et le gouvernement de ses états. Jaloux d'y maintenir le bon ordre, il sut se faire obéir, se faire craindre et se faire aimer. Vous savez de quelle manière il ramena les princes ses vassaux au devoir de la soumission qui lui était due. Le comte de la Marche avait osé secouer le joug : vous savez son malheureux sort, et comme il apprit à ses dépens, dans la journée de Taillebourg, quelle était la force de S. Louis, et ce qu'il pouvait. le duc de Bretagne se fit le chef d'une autre ligue : vous savez ce qui lui en coûta, et combien lui fut inutile la jonction de l'Anglais et sa protection, contre la justice de S. Louis. La cour de Rome, par des entreprises nouvelles, voulut donner quelque atteinte aux droits de la couronne : vous savez avec quelle vigueur S. Louis agit pour les défendre. Nous en avons dans son histoire des preuves authentiques. Mais, du reste, comment les défendait-il? avec un merveilleux tempérament d'autorité et de piété, c'est-à-dire qu'il soutenait les droits de sa couronne en roi et en fils aîné de l'église : en roi avec autorité, et en fils aîné de l'église avec un esprit de religion et de piété; montrant bien qu'en qualité de roi il ne reconnaissait point de supérieur sur la terre, et ne voulait dépendre que de Dieu seul, quoiqu'en qualité de fils aîné de l'église il fût toujours prêt à écouter l'église comme sa mère, et à l'honorer. Jamais roi n'eut des sujets plus souples, ni ne fut mieux obéi : pourquoi? parce que jamais roi n'eut dans un plus haut degré toutes les vertus qui font respecter et estimer les souverains, et qui leur gagnent les cœurs des peuples.

« Aussi dans quelle estime était-il, non-seulement parmi ses sujets, mais chez les étrangers ? C'était, dans le monde chrétien, le pacificateur et le médiateur de tous les différens qui naissaient entre les têtes couronnées ; honneur qu'il ne s'attribuait pas et qu'il ne cherchait pas, mais qui lui était déféré par un libre consentement de tous les princes ses voisins. Et sur quoi ce consentement était-il fondé? sur l'opinion qu'ils avaient de sa probité, de son équité, de son incorruptible intégrité ; en sorte qu'ils avaient tous recours à lui comme à un arbitre suprême dont les jugemens étaient pour eux autant d'oracles et d'arrêts définitifs. En effet, le pape et l'empereur Frédéric ont-ils, sur leurs droits réciproques, des contestations qui les divisent : S. Louis est choisi par l'un et par l'autre pour en être juge. Henri d'Angleterre est-il mécontent de ses sujets, et sur le point de leur faire sentir son indignation et sa vengeance : S. Louis l'apaise, et, par ses bons offices, il arrête la guerre civile dont l'Angleterre était menacée. Le duc de Bretagne et le roi de Navarre vivent-ils dans une inimitié mortelle : S. Louis, par un mariage, les réconcilie. Un autre que lui, bien loin d'entrer dans ces querelles pour les terminer, les eût fomentées pour en profiter ; et c'est ce que lui suggeraient les ministres de son conseil ; mais ce grand roi avait au-dedans de lui-même un conseil secret, et ce conseil était sa conscience, qu'il consultait en toutes choses, ou plutôt à laquelle il rapportait tous les autres conseils. Conseil d'état, conseil de guerre, conseil de finances, il écoutait tout cela ; mais de tout cela il en appelait à ce conseil intérieur où il délibérait seul avec Dieu, et où seul avec Dieu il décidait. « Non, non, Seigneur, disait-il, qu'il ne m'arrive jamais de me faire une politique essentiellement opposée à votre Évangile. Vous avez dit que les bienheureux étaient les pacifiques : malheur à moi si, renonçant à cette béatitude, je m'employais à souffler le feu de la division et de la guerre ! peut-être, dans l'idée des enfans du siècle, en serais-je plus fort ; mais je ne veux point, ô mon Dieu, d'autre force que celle qui est selon toute la droiture de votre loi ; et peu m'importe que ma conduite soit au gré des sages du monde, pourvu qu'en *qualité* de pacifique, je sois au nombre de vos enfans ». Voilà comment parlait S. Louis ; et dans ce langage, il y avait un fonds de grandeur que le monde même était forcé de reconnaître. Mais il ne se contentait pas de parler ainsi ; ce qu'il disait, il le pratiquait. Le pape Grégoire IX lui offre, pour son frère le comte d'Artois, la couronne impériale, après avoir excommunié Frédéric. S. Louis, insensible à son intérêt, mais encore plus incapable de faire servir son intérêt à la passion d'autrui, refuse, sans balancer, l'offre qui lui est faite; et quoiqu'il eût contre Frédéric de légitimes sujets de plainte, il ne veut ni consentir à sa dégradation, ni avoir part à sa dépouille. Il répond au pape, qu'il suffit au comte d'Artois d'être son frère et prince de son sang; que ce seul avantage, joint aux prétentions que lui donnent son mérite et sa naissance, vaut mieux pour lui que l'empire, dans les circonstances où l'empire lui est présenté; et cette réponse, aussi solide que désintéressée, remplit d'admiration toute l'Europe. L'empereur et le pape même en conçoivent pour S. Louis un profond respect, et désormais il passe pour l'exemple et le modèle des princes généreux. A quoi est-il redevable de cette gloire? A sa sainteté.

« En faut-il davantage pour nous détromper aujourd'hui de cette damnable erreur des libertins et des mondains : qu'en s'assujettissant aux règles de la sainteté évangélique, on ne peut jamais réussir dans le monde? »

Mais dans combien d'autres occasions encore, où il ne s'agit même pas de votre conscience, que je veux respecter jusqu'à un certain point, quelque déréglée qu'elle puisse être; dans combien d'autres occasions, dis-je, mon cher neveu, manquez-vous à votre père, qui n'a cessé, lui, d'avoir pour vous la tendresse la plus attentive! Pour vous transporter de fureur, et le rendre l'objet de vos invectives et de vos menaces, il ne faut que la moindre contrariété apportée par méprise ou par hasard à vos goûts ou à vos plaisirs. Vous êtes son tyran, c'est l'expression dont s'est servi un de nos amis communs en me rendant compte des tourmens de mon frère à votre sujet. Sert-on sur la table un mets qui vous déplaise par sa composition ou son assaisonnement : le plat et ce qu'il contient volent aussitôt dans la rue avec les débris de la vitre à travers laquelle vous les avez lancés. Savez-vous, monsieur mon neveu, qu'une telle action n'a, sous aucun rapport, rien qui sente le véritable guerrier. Les empereurs Nerva, Trajan, Antonin, Marc-Aurèle, Sévère, Pertinax, Aurélien, Tacite, Probe, tous princes qui ont fait le plus grand honneur aux Romains, conduits par le même goût, et disciples des mêmes maîtres, se sont toujours piqués d'avoir une table des plus frugales et des plus modestes, et en ont sévèrement banni la somptuosité et les délicatesses de la bonne chère. C'était une vertu qu'ils avaient rapportée de l'armée, où ils se contentaient des nourritures les plus communes que l'on donne ordinairement aux soldats : il paraît que vous, vous en avez rapporté le vice tout contraire. Mon neveu, un vrai soldat trouve toujours son dîner assez bon; et celui qui, après l'avoir été veut l'être encore, s'entretient au sein de nos villes, dans la frugalité dont il a dû contracter l'habitude sous la tente. Cette frugalité fait la sûreté des armées, comme celle des peuples. Un soldat gourmand est nécessairement pillard; et le pillage amène, de la part des habitans d'un pays conquis, les trahisons dans toutes les circonstances, et les vengeances et les massacres en cas de retraite. Monsieur mon neveu, je voudrais que vous me vissiez dans mes campagnes maritimes, moi le capitaine, et conséquemment le souverain de mon vaisseau, abandonnant fort souvent ma table pour aller manger sur le pont, au milieu de mes matelots et de mes soldats, un morceau de pain sec ou frotté d'ail. Je vous crois capable d'en faire autant dans l'occasion; mais rappelez-vous-le, je vous en prie, en temp de paix, pour vous contenter au moins de ce qui se présente à vous sur une table bien servie. Il sied aussi bien à un homme qui a été militaire de montrer de la recherche et de la délicatesse dans sa nourriture, qu'à un philosophe d'employer dans sa toilette des essences et des parfums.

Corbleu, mon neveu! ne venez pas me dire que vous faites le tapage que je vous reproche en ce moment, moins à cause des mets eux-mêmes sur lesquels tombe l'éclat de votre fureur, que pour satisfaire votre mauvaise humeur née dans la journée, de tous autres motifs: quelque répugnance qu'il m'inspire, j'aime encore mieux un soldat gourmand qu'un mauvais fils. Je vous le répète, on ne doit jamais avoir d'humeur contre son père, ni en sa présence, et comme l'a dit l'auteur que je vous ai cité plus haut, c'est un devoir d'excuser jusqu'aux injustices de l'auteur de ses jours. Pourra-t-on compter sur votre soumission, dans le camp, à votre colonel, à votre général, quand vous aurez méprisé, sous le toit qui vous a vu naître, l'autorité paternelle? et est-il naturel que l'on croie du respect pour les lois humaines à celui qui brave et viole les lois divines?

Savez-vous, Alexandre, que je ne suis content de votre conduite envers aucun de vos parens en général. Je vous ai vu toujours prêt à leur commander avec hauteur et à les brusquer sans ménagement. Vous n'êtes jamais, pour votre frère, entre autres, ce que vous devriez être. Votre père montre-t-il, un moment, la plus légère préférence pour lui, vous le traitez aussitôt en ennemi cruel, dont la perte absolue peut seule assurer votre repos et votre bonheur. L'amour filial et l'amour fraternel vous interdisent également une telle conduite, et vous ne trouverez point, pour l'autoriser, d'exemples dans la classe élevée où la grandeur de nos idées nous fait chercher ordinairement nos modèles.

Ferdinand, roi d'Aragon, se voyant sur le point d'expirer, se fit amener Alphonse, l'aîné de ses fils, et conséquemment celui auquel appartenait la couronne : « Mon fils, lui dit-il, je descendrai heureux et content au tombeau si vous accédez à la demande que je vais vous faire ; je désire que Jean, votre cadet, ait le royaume de Castille pour son partage. — Mon père, répondit Alphonse, la gloire de vous obéir me sera toujours plus chère que mon droit d'aînesse. Si vous jugez que mon frère remplisse mieux votre place que moi, je consens que vous lui donniez tous vos royaumes : je suivrai vos ordres comme ceux de Dieu même. »

Dans vos momens d'amitié, sollicitez-vous pour votre frère quelque chose d'exagéré, et vous le refuse-t-on ; vous devenez aussitôt furieux, quelque raison qu'on ait eue de se montrer inexorable : cet excès est aussi blâmable que celui dont je viens de vous reprendre. Il faut aimer tendrement son frère, partager avec lui tout ce qu'il est possible que l'on partage ; mais, ni pour lui, ni pour nul de ses proches, on ne doit demander avec instance rien qui puisse devenir nuisible à l'état. La patrie et l'équité, mon neveu, avant toute considération particulière. Lorsque l'amiral Blacke commandait la flotte anglaise, il fit donner le commandement d'un vaisseau de guerre à un de ses frères dont il avait la plus haute opinion ; mais, à la première affaire, le jeune Blacke montra la plus grande lâcheté, et se tint toujours hors de la portée du canon. L'amiral le renvoya aussitôt en Angleterre. « Je me suis trompé, dit-il à un de ses officiers, mon frère n'est point appelé à la guerre ; mais s'il ne peut faire face à l'ennemi sur un vaisseau, il peut du moins être utile à son pays auprès d'une charrue ». Et il lui confia la culture de ses terres, dont il lui fit don en mourant.

Mon neveu, n'aimez pas votre frère plus que l'amiral Blacke n'aimait le sien; mais aimez-le autant. C'est un beau spectacle pour notre suprême Auteur, que celui de deux frères unis d'une étroite amitié, ne voulant l'un pour l'autre que des choses justes, mais les voulant avec fermeté, avec constance, et se faisant mutuellement, en même temps qu'à leurs père et mère, tous les sacrifices qu'il est en leur pouvoir de se faire. Je connais sur ce sujet un trait plus sublime encore, plus entier que celui dont je vous entretenais il y a quelques instans, et dussiez-vous me donner tous les sobriquets impertinens que la jeunesse impatiente a coutume de prodiguer à la vieillesse quand elle critique et quand elle remontre, il faut que je vous le rapporte ici.

«Un roi de Cusco avait trois fils. Quelques jours avant sa mort, il déclara le plus jeune pour son successeur, quelles que fussent à cet égard les lois du royaume. Le peuple, après la mort du roi, cria à l'injustice, proclama unanimement roi le fils aîné, et le porta en triomphe sur le trône ; mais le prince, respectant les dernières volontés de son père, refusa la couronne, et la posa lui-même sur le front de son jeune frère, qui, aussi généreux et aussi sensible, déclara qu'il ne l'accepterait jamais, et conjura son aîné de céder aux vœux du peuple, qui lui rendaient de droit ce qu'il n'avait pas mérité de perdre. Le prince aîné fut sourd à cette prière ; des deux côtés on persista. Enfin reconnaissant l'un et l'autre que leurs dispositions étaient invariables, les deux frères prirent le parti d'abandonner le royaume à leur autre frère. Ils quittèrent la cour, et se rendirent ensemble dans une solitude, où ils passèrent le reste de leur vie à le disputer entre eux de tendresse et de déférences. »

Votre injustice ne s'arrête pas sur vos parens, elle va jusqu'aux inconnus ; ou plutôt c'est des inconnus que votre dureté vient jusqu'à vos parens : généralement vous êtes donc, par votre brusquerie, un homme que tout le monde craint de rencontrer. Le bel avantage que vous avez là ! mon neveu, croyez-vous que cela en soit effectivement un ?

Je ne m'occupe d'abord que de la superficie de la chose : qu'est-ce que la rusticité des manières, l'âpreté du langage, la rudesse des mouvemens ? Tous ces défauts, que vous semblez prendre pour des qualités, annonçant l'état glorieux que vous avez déjà professé et que vous désirez professer encore, ne deviennent des garans ni de votre courage ni des fatigues auxquelles votre profession vous a soumis ; du moins on ne le juge point ainsi. Sont-ce là, en effet, les formes dont notre imagination se plaît à revêtir un héros? Ne nous le peint-elle pas, au contraire, au sortir du combat, doux, aimable, prévenant, courbant avec modestie son front sous les lauriers dont le charge la reconnaissance publique?

Un militaire grossier, mon neveu, est-ce là ce qu'on doit trouver en France, sur cette terre où la chevalerie brilla de son plus bel éclat? Mon neveu, la courtoisie était une de ses lois les plus obligées : un aspirant les apprenait auprès des dames; c'était elles qui le revêtaient des marques extérieures de l'ordre quand le moment en était venu; il jurait en recevant ses armes de les protéger et de les défendre ; elles présidaient aux tournois où s'exerçaient son adresse et son courage; elles lui en donnaient le prix, et pouvaient lui refuser la faculté de le mériter ; car il suffisait qu'elles touchassent son écu d'une baguette, en l'accusant hautement de leur avoir fait injure, pour qu'il fût exclus de la lice jusqu'au moment où sa conduite, sévèrement examinée, aurait été reconnue exempte de reproches.

De la politesse envers les dames naît cependant toute autre politesse. Quand je vois dans un lieu public un homme manquer à une femme, en même temps que ma main cherche spontanément mon épée, si je ne l'ai point alors, je me dis : « Cet homme doit être grossier, brutal envers tout le monde, car il vient d'oublier en ma présence les premières lois de la société ; il ne saurait être doux, car il vient de mépriser ce qui inspire naturellement la douceur ; il ne saurait être généreux, car il vient d'opprimer la faiblesse dans ce qu'elle a de plus intéressant. »

Il n'y a pas un bien grand nombre d'années que nos militaires avaient encore envers tout le monde cette courtoisie, cette urbanité, que je me plains de ne pas trouver en vous, mon neveu ; dans nos villes ils se faisaient gloire d'être les plus aimables des hommes. Turenne, dont je vous ai déjà entretenu à propos de ce que vous devez à Dieu, et qu'un jeune militaire peut en tout se proposer pour modèle, avait cette douceur de caractère et de mœurs que je me vois réduit à vous prêcher en ce jour, malgré ma qualité de marin, qui semblerait devoir au contraire faire de moi votre disciple à ce sujet. « Jamais homme ne fut d'un commerce plus aisé que ce grand général, dit un de ses historiens. Il parlait des moindres choses, comme s'il eût ignoré les grandes, et cela avec les personnes de toute condition, sans jamais se prévaloir de la supériorité de son rang ni de celle de son esprit. Il s'accommodait avec tant de complaisance au caractère et à l'humeur de tout le monde, qu'on était souvent étonné qu'avec de si rares qualités pour la guerre, il fut encore *l'homme le plus poli et le plus aimable* de son temps.... Il était en même temps, l'époux le plus tendre et le meilleur des maîtres; toutes les lettres qu'il a écrites à la vicomtesse de Turenne sont écrites d'un ton de politesse qui va quelquefois jusqu'au respect.......... »

Et mille traits, tous plus touchans les uns que les autres, prouvent que cette douceur n'était pas uniquement dans ses manières, mais qu'elle se retrouvait encore dans son cœur; car il faut autre chose que la superficie, mon cher neveu, quoique je me sois d'abord contenté de vous attaquer sur ce point. Avec cela seul, quoique moins odieux, on ne serait qu'un hypocrite méprisable. Au reste le Créateur y a presque entièrement pourvu, et les manières de l'homme annoncent, de coutume, ce qu'il est réellement. Sur l'article dont il est question, en votre qualité de militaire, ressemblez donc au grand Turenne, et extérieurement et intérieurement.

A combien de mouvemens de vivacité vous vous abandonnez chaque jour, dont eût rougi ce guerrier, qui, sous ce rapport, aurait eu droit à bien d'autres égards que vous! Toutes les fois, par exemple, qu'un domestique vous semblera manquer d'attentions ou d'empressement, souvenez-vous de celui qui frappa le maréchal, en croyant badiner avec un de ses camarades, et n'en reçut qu'un reproche plein de bonté. Je ne vous dis pas pour cela de vous laisser frapper; je vois à cette idée votre cœur se soulever contre moi: mais, dans des occasions moins graves, car il ne s'en présentera peut-être jamais de pareille pour vous, ayez au moins autant d'indulgence qu'il en montra dans celle-là. Le moindre accident qui vous arrive lorsque vous jouez avec quelqu'un vous transporte de fureur, et vous réclamez à grands cris la punition du coupable s'il ne vous appartient pas de le châtier vous-même : recevez encore à cet égard une leçon de mon héros dans son enfance. Ce trait, pour être moins connu que celui que je viens de vous rappeler, n'en est pas moins beau.

Un jour d'hiver, Turenne, qui dès son enfance montra la plus vive passion pour le métier des armes, s'amusait à défendre, contre le fils du valet-de-chambre de la duchesse de Bouillon, sa mère, les tourelles d'un fort construit en lattes dans une galerie du château. Après avoir rompu plusieurs lances de carton, et jusqu'à cinq sabres de bois argenté, l'assaillant, qui était du même âge que le vicomte, se piquant au jeu, s'avisa de faire des pelottes de neige pour les lancer à son ennemi. Celui-ci ne fit encore que rire de ce nouveau genre d'attaque, qui ne produisit pas plus d'effet que le premier : les pelottes venaient tomber en poudre au bas des bastions, où Turenne les attrapait à la volée pour les renvoyer sur-le-champ.

Alors l'adversaire, s'échauffant de plus en plus au combat, roula, avec dépit, des cailloux dans la neige, et en lança si malheureusement une grosse pelotte à son jeune maître, qu'il le blessa à la joue.

Sentant ensuite ce que cette action, conseillée par la colère, avait de répréhensible et d'imprudent, il se mit à pleurer à chaudes larmes. Alors Turenne, essuyant le sang qui coulait, lui dit avec sang-froid : *Saint-Charles, ceci n'est pas de bonne guerre ; mais ne sois pas en peine, personne n'en saura rien.* Dans ce moment parut le chevalier de Dassignac, son gouverneur. Prévenant toute question, il lui dit aussitôt: « Mon bon ami, je vous demande une grace, c'est de me laisser raconter moi-même à maman comment cette aventure m'est arrivée : c'est bien par ma faute que je suis ainsi balafré, mais cela sera bientôt guéri » ; et l'aimable et généreux enfant fit en effet un récit qui justifia pleinement le fils du valet-de-chambre de sa mère.

Sans ajouter aucune réflexion à cette action, qui d'elle-même parle si éloquemment, passons maintenant à autre chose. Mon neveu, j'entame la querelle par une nouvelle citation.

Ce fut Racine qui présida l'Académie française à la réception de T. Corneille, succédant à son frère, le grand Corneille. Racine, après avoir comparé ce dernier aux Eschyle, aux Sophocle, aux Euripide, dont Athènes ne s'honora pas moins que des Thémistocle, des Périclès, des Alcibiade, qui vivaient en même temps qu'eux, continua ainsi, adressant la parole à T. Corneille :

« Oui, monsieur, que l'ignorance rabaisse tant qu'elle voudra l'éloquence et la poésie, et traite les habiles écrivains de gens inutiles dans les Etats ; nous ne craindrons pas de le dire, à l'avantage des lettres et de ce corps fameux dont vous faites maintenant partie; du moment que des esprits sublimes, passant de bien loin les bornes communes, se distinguent, s'immortalisent, par des chefs-d'œuvre comme ceux de monsieur votre frère, quelque étrange inégalité que, durant leur vie, la fortune mette entre eux et les plus grands héros, après leur mort cette différence cesse ; la postérité, qui se plaît, qui s'instruit dans les ouvrages qu'ils lui ont laissés, ne fait point de difficulté de les égaler à tout ce qu'il y a de plus considérable parmi les hommes, fait marcher de pair l'excellent poëte et le grand capitaine. Le même siècle qui se glorifie aujourd'hui d'avoir produit Auguste, ne se glorifie guère moins d'avoir produit Horace et Virgile. Ainsi, lorsque dans les âges suivans on parlera avec étonnement des victoires prodigieuses et de toutes les grandes choses qui rendront notre siècle l'admiration de tous les siècles à venir, Corneille, n'en doutons point, Corneille tiendra sa place parmi toutes ces merveilles. La France se souviendra avec plaisir que, sous le règne du plus grand de ses rois, a fleuri le plus grand de ses poètes ; on croira même ajouter quelque chose à la gloire de notre auguste monarque, lorsqu'on dira qu'il a estimé, qu'il a honoré de ses bienfaits cet excellent génie ; que même, deux jours avant sa mort, et lorsqu'il ne lui restait plus qu'un rayon de connaissance, il lui envoya encore des marques de sa libéralité, et qu'enfin les dernières paroles de Corneille ont été des remercîmens pour Louis-le-Grand. »

Vous sentez, mon cher neveu, quel est le but de cette citation : je n'aime pas ce dédain que vous affectez pour tout ce qui ne tient pas essentiellement au militaire. Il ne m'a pas fallu plus d'une demi-heure de conversation avec vous pour juger jusqu'à quel point vous portez ce ridicule. Je suis homme de guerre, moi, et j'ai toujours eu le plus grand respect pour le reste de mes concitoyens, sur-tout pour ceux d'entre eux qui, par la culture des sciences et des arts, font faire chaque jour des progrès aux lumières humaines. Savez-vous, monsieur, qu'il n'est qu'une partie des guerriers qui soient estimables, et que le métier des armes, en isolant ce mot de tous les grands sentimens et de toutes les idées morales qui s'y rattachent dans les cœurs bien faits, est un métier affreux. Qu'y vois-je, pris dans cette acception rigoureuse? l'art et l'engagement de tuer des hommes, sans avoir aucun motif pour le faire, et seulement afin de gagner l'argent que donne pour cela tel ou tel personnage constitué en autorité.

Vous ne réfléchissez pas encore que la gloire, cette idole à laquelle s'immole le guerrier qui ne combat pas pour un sujet plus noble, ne vit que de ce que veut bien lui accorder la science. Que deviendraient les exploits éclatans, sans les historiens qui en consacrent le souvenir dans leurs annales, sans les poètes qui les éternisent par leurs vers? Je trouve à ce sujet, dans Fénélon, un passage digne de remarque; c'est un dialogue entre Achille et Homère. Vous allez voir que, dans ce dialogue, ce n'est pas le poète qui est vaincu; et, avec de la bonne foi, vous conviendrez que ce n'est pas lui qui doit l'être.

« *Achille.* Je suis ravi, grand poète, « d'avoir servi à t'immortaliser. Ma « querelle contre Agamemnon, ma « douleur de la mort de Patrocle, mes « combats contre les Troyens, la vic- « toire que je remportai sur Hector, « t'ont donné le plus beau sujet de « poëme qu'on ait jamais vu.

« *Homère.* J'avoue que le sujet est « beau; mais j'en aurais bien pu trou- « ver d'autres. Une preuve qu'il y en « a d'autres, c'est que j'en ai trouvé « effectivement. Les aventures du sage « et patient Ulysse valent bien la co- « lère de l'impétueux Achille.

« *Achille.* Quoi! comparer le rusé « et trompeur Ulysse au fils de Thétis, « plus terrible que Mars! Va, poète « ingrat, tu sentiras.....

« *Homère.* Tu as oublié que les om- « bres ne doivent point se mettre en « colère : une colère d'ombre n'est « guère à craindre. Tu n'as plus d'au-

« tres armes à employer que de bonnes « raisons.

« *Achille.* Pourquoi viens-tu me dé- « savouer que tu me dois la gloire de « ton plus beau poëme? L'autre n'est « qu'un amas de contes de vieilles : « tout y languit; tout sent son vieillard « dont la vivacité est éteinte, et qui ne « sait point finir.

« *Homère.* Tu ressembles à bien des « gens qui, faute de connaître les di- « vers genres d'écrire, croient qu'un « auteur ne se soutient pas quand il passe « d'un genre vif et rapide à un autre « plus doux et plus modéré. Ils de- « vraient savoir que la perfection est « d'observer toujours les divers carac- « tères, de varier son style suivant les « sujets, de s'élever ou de s'abaisser à « propos, et de donner, par ce con- « traste, des caractères plus marqués « et plus agréables. Il faut savoir sonner « de la trompette, toucher la lyre, et

« jouer même de la flûte champêtre.
« Je crois que tu voudrais que je peignisse Calypso avec ses nymphes dans sa grotte, ou Nausicaa sur le rivage de la mer, comme les héros et les dieux mêmes combattant aux portes de Troie ! Parle de guerre, c'est ton fait, et ne te mêle jamais de décider sur la poésie en ma présence.

« *Achille.* Oh ! que tu es fier, bon homme aveugle ! Tu te prévaux de ma mort.

« *Homère.* Je me prévaux aussi de la mienne. Tu n'es plus que l'ombre d'Achille, et moi je ne suis que l'ombre d'Homère.

« *Achille.* Ah ! que ne puis-je faire sentir mon ancienne force à cette ombre ingrate !

« *Homère.* Puisque tu me presses tant sur l'ingratitude, je veux enfin te détromper. Tu ne m'as fourni qu'un sujet que je pouvais trouver ailleurs ;

« mais, moi, je t'ai donné ma gloire, « qu'un autre n'eût pu te donner, et « qui ne s'effacera jamais.

« *Achille.* Comment! tu t'imagines « que, sans tes vers, le grand Achille « ne serait pas admiré de toutes les na- « tions et de tous les siècles!

« *Homère.* Plaisante vanité! Pour « avoir répandu plus de sang qu'un « autre au siége d'une ville qui n'a été « prise qu'après ta mort! Eh! combien « y a-t-il de héros qui ont vaincu de « grands peuples et conquis de grands « royaumes! Cependant ils sont dans « les ténèbres et dans l'oubli; on ne « sait pas même leurs noms. Les muses « seules peuvent immortaliser les gran- « des actions. Un roi qui aime la gloire « doit la chercher dans ces deux choses: « premièrement, il faut la mériter par « la vertu; ensuite se faire aimer par « les nourrissons des muses, qui peuvent « la chanter à toute la postérité.

« *Achille*. Mais il ne dépend pas « toujours des princes d'avoir de grands « poètes. C'est par hasard que tu as « conçu, long-temps après ma mort, « le dessein de faire ton Iliade.

« *Homère*. Il est vrai; mais quand « un prince aime les lettres, il se forme « pendant son règne beaucoup de « grands hommes. Ses récompenses et « son estime excitent une noble ému- « lation; le goût se perfectionne. Il n'a « qu'à aimer et qu'à favoriser les mu- « ses, elles feront bientôt paraître des « hommes inspirés pour louer tout ce « qu'il y a de louable en lui. Quand un « prince manque d'un Homère, c'est « qu'il n'est pas digne d'en avoir un : « son défaut de goût attire l'ignorance, « la grossièreté et la barbarie. La bar- « barie déshonore toute une nation, et « ôte toute espérance de gloire durable « au prince qui règne. Ne sais-tu pas « qu'Alexandre, qui est depuis peu

» descendu ici bas, pleurait de n'avoir
» pas eu un poète qui fît pour lui ce
» que j'ai fait pour toi? C'est qu'il avait
» le goût bon sur la gloire. Pour toi,
» tu me dois tout, et tu n'as point de
» honte de me traiter d'ingrat! Il n'est
» plus temps de t'emporter : ta colère
» devant Troie était bonne à me four-
» nir le sujet d'un poëme; mais je ne
» puis plus chanter les emportemens
» que tu auras ici, et ils ne te feraient
» point d'honneur. Souviens-toi seule-
» ment que la parque t'ayant ôté tous
» les autres avantages, il ne te reste
» plus que le grand nom que tu tiens
» de mes vers. Adieu. Quand tu seras
» de plus belle humeur, je viendrai te
» chanter dans ce bocage certains en-
» droits de l'Iliade : par exemple, la
» défaite des Grecs en ton absence; la
» consternation des Troyens dès qu'on
» te vit paraître pour venger Patrocle;
» les dieux mêmes étonnés de te voir

» comme Jupiter Foudroyant. Après
» cela, dis, si tu l'oses, qu'Achille ne
» doit point sa gloire à Homère. »

Maintenant, mon neveu, on ne se souvient plus effectivement d'Achille que parce qu'Homère l'a chanté, et Cumes est à jamais maudite pour avoir retiré à l'immortel auteur de l'Iliade l'asile qu'elle lui avait d'abord accordé. Habitans de Cumes, avec quel plaisir on vous voit, au premier moment, courir au-devant de l'auguste vieillard, et semer jusqu'à vos portes les fleurs et les lauriers sous ses pas! Le triomphe de Paul-Emile satisfait moins l'imagination, et surtout le cœur.

Votre mépris pour la science en général, mon neveu, vous rend, dans toute occasion, coupable de la plus noire ingratitude; j'appelle ainsi l'indifférence, le manque d'égards pour ceux qui ont élevé notre enfance et cultivé notre esprit. Corbleu! mon ne

Chaudet del. Gaucher sculp.

Accueil fait par les habitans de Cumes à Homère.

veu, nos instituteurs sont pour nous des seconds pères ; et sans ce que vous ont enseigné les vôtres, quoiqu'ils n'aient pas malheureusement poussé leurs leçons bien loin, vous ne seriez point parvenu au grade que vous avez acquis déjà dans le militaire durant le peu de temps que vous avez eu l'honneur de combattre sous les drapeaux de votre patrie. Oui, monsieur, l'étude des lettres, qui se confond naturellement avec celle de la morale, mène à tout, même aux grades dans l'armée : elle fait sur l'esprit l'effet que la charrue produit sur le sol, dont elle brise la croûte et entr'ouvre le sein, la disposant ainsi à recevoir et à féconder toutes les sortes de semences qu'on y voudra introduire ensuite. Vous regardez ceux qui ont été vos instituteurs comme des pédans importuns dont vous vous estimez fort heureux d'être débarrassé, et toutes les fois que vous les rencontrez, vous cherchez, par les duretés et les mystifications dont vous les rendez l'objet, à vous venger des petites corrections qui vous ont été infligées dans le temps pour réprimer votre paresse et donner de l'activité à votre esprit. Morbleu ! mon neveu, est-ce là agir en homme digne de commander à des hommes, et trouverez-vous, en ce désordre, à vous autoriser de l'exemple de quelqu'un de ceux qui se sont *illustrés* dans la carrière des armes? Ce ne sera pas au moins de celui de votre patron, que je vous ai déjà opposé plusieurs fois.

Rien ne manqua aux égards dont Aristote fut l'objet pendant l'éducation d'Alexandre et après qu'elle fut achevée. Philippe, qui avait détruit Stagyre, ville de Macédoine où ce philosophe était né, la fit rebâtir pour l'amour de lui. Les habitans, qu'il avait réduits en servitude, furent remis dans leur liberté et dans leurs biens. Le roi de Macédoine leur donna, en outre, un parç magnifique pour le lieu de leurs études et de leurs assemblées. Du temps de Plutarque on voyait encore des restes de ce parc.

Alexandre lui même, à la tête de ses armées et dans tous les momens les plus pressans de ses opérations militaires, n'oublia jamais celui qui avait été son précepteur. Il ne cessa de lui écrire les lettres les plus flatteuses ; et lorsqu'il trouvait dans les pays lointains qu'il conquérait des choses curieuses et rares, soit dans le règne végétal, soit dans le règne animal, il s'empressait de les lui envoyer, comme des matériaux qui devaient l'aider dans la composition de son histoire naturelle.

Quand il perdit cet instituteur, si bien récompensé, il laissa éclater le plus violent désespoir. Un courtisan lui demandant ce qu'il ferait donc si la mort lui ravissait son père, ce prince répondit vivement : *Croyez-vous que je sois moins redevable à Aristote qu'à mon père? Le second m'a donné la vie, à la vérité, mais j'ai appris du premier la manière de m'y conduire.*

Le maréchal de Villars, célèbre par tant de services rendus à la tête des armées, et si justement surnommé le sauveur de la France à cause de la victoire de Denain, donna aussi un éclatant exemple de reconnaissance et de respect pour un de ceux qui avaient contribué à son éducation. Il se nommait Saint-Yvon. Desservi par des ennemis, il n'avait pu exercer ses fonctions dans la maison de Villars que pendant cinq années. Le maréchal le croyait mort depuis long-temps, lorsqu'il rencontra un jour, à Strasbourg, un vieillard dont les traits le frappèrent. Il le regarde, s'arrête.... *Quoi!* s'écrie-t-il, *que vois-je? n'est-ce pas mon ancien maître, mon ami de Saint-Yvon?*

« Vous vous trompez sûrement, monsieur, lui répondit Saint-Yvon, qui ne le reconnaissait pas, je ne suis point celui que vous croyez, quoique mon nom soit le même. — Oh! je ne me trompe point, reprit le maréchal, c'est vous qui prîtes soin de mon éducation au château de Villars; et quoique vous ne portiez plus l'habit ecclésiastique, je vous reconnais parfaitement. »

Ces mots remettent le vieux gouverneur sur la voie: il reconnaît son élève, l'embrasse dans l'effusion de son cœur, et lui raconte toutes ses infortunes. Rebuté de l'ingratitude des riches, qui ont toujours abusé de son désintéressement, de sa probité, de ses talens, il s'est fait maître d'école et chantre dans un village, et, époux et père, vit en paix avec une femme et trois enfans, dont la bonne conduite le console, dans sa pauvreté, de l'injustice et de la perversité des hommes. *Mon ami*, reprend le maréchal tout ému, *c'est moi qui vous vengerai.*

Il ne s'expliqua pas davantage dans ce moment; mais, deux mois après, l'abbé de Saint-Yvon reçut de lui les titres d'un fief relevant du duché de son élève. Le maréchal voulut même l'installer en personne dans ce petit domaine, où il avait pris d'abord soin de faire construire une maison aussi commode qu'agréablement située.

Les Romains ont aussi leurs exemples à fournir sur ce sujet, et j'en prendrai un parmi les plus illustres.

Lorsque l'empereur Théodose présenta Arsène à son fils Arcade, comme l'homme qui devait lui enseigner la sagesse et les sciences, il lui répéta à plusieurs reprises, ces paroles remarquables : *Souvenez-vous, mon fils, que vous serez plus obligé à votre précepteur qu'à moi-même. Vous tenez de moi la naissance et l'empire : vous tiendrez de lui la sagesse ; et désormais il sera plus vôtre père que moi-même.*

Il voulait que le jeune prince demeurât debout quand il recevait ses leçons, et qu'Arsène fût alors assis. Il avait ordonné surtout qu'on ôtat à Arcade les marques de sa dignité lorsqu'il entrerait à l'étude, ajoutant *qu'il le regarderait comme indigne de l'empire, s'il ne savait rendre à chacun ce qui lui est dû.*

Je vous trouverai enfin des ennemis jusque dans la Chine.

Un jour que l'empereur de la Chine, Oueng-Hong, passait devant la porte de Tak-Min-Houing, qui avait été son gouverneur, il s'arrêta avec toute sa suite, descendit de son palanquin, et salua profondément le sage qui avait pris soin de son enfance et de sa jeunesse. Un de ses courtisans lui ayant montré de l'étonnement de cette action : « Cessez d'être étonné, lui répondit le prince ; je me fais un devoir de saluer ainsi un homme qui est grand par son mérite personnel. Quant à moi, je ne le suis encore que par le sceptre qui vient de m'être transmis par mes ancêtres. Que ne dois-je pas au philosophe de qui je tiens les moyens d'acquérir la véritable grandeur, c'est-à-dire la justice et la vertu? »

Vos instituteurs, mon neveu, ont, je le sais, un double tort à vos yeux : ils vous ont forcé de plier, dans votre enfance, sous le joug d'une autorité nécessaire, et ils sont vieux, car la vieillese est pour vous un ridicule, et non un motif de respect. La vieillesse un ridicule ! corbleu ! Savez-vous que rien ne va si bien sous un casque même que des cheveux blancs, et que je ne connais pas d'endroits où le soldat soit aussi respectable que dans cette demeure qui, chez nous, lui sert de retraite lorsque son âge, ses infirmités et ses blessures l'ont mis hors de service? Mépriser les vieillards, c'est s'attaquer à Dieu même, puisque les vieillards sont des hommes qu'il rapproche de lui, moins encore par le terme de leur carrière que par la sagesse et la prudence qui sont le partage ordinaire de la vieillesse. Les vieillards, dites-vous avec quelques autres étourdis, sont des êtres inutiles : inutiles, corbleu! comme la tête est inutile au corps! Qui gouverne l'état, quand il est bien gouverné? qui administre la justice, quand elle est bien administrée? qui régle les opérations de l'armée, quand elles sont bien réglées? Ceux à qui leur âge a donné une longue expérience des hommes et des choses. Il faut qu'à cette occasion, je lâche encore sur vous votre patron, comme le plus redoutable brûlot que je puisse vous adresser.

Artabaze, qui avoit long-temps fait

la guerre à Alexandre comme général du roi de Perse, lui étant venu rendre hommage à l'âge de quatre-vingt-quinze ans, il n'est sorte d'honneurs que le héros macédonien n'ait rendu à la vieillesse en sa personne. Ayant remarqué que le vieillard persan était à pied, il le fit monter sur un superbe cheval, et l'accompagna lui-même à petits pas jusqu'à son palais.

Vous, mon neveu, loin de vous montrer disposé à traiter les vieillards avec ce respect religieux, ne les rudoyez-vous point, ne les heurtez-vous point sans ménagement, quand vous les rencontrez dans les lieux publics? Avez-vous pour eux en société les égards qu'on leur doit? les écoutez-vous avec faveur? avez-vous soin, quand vous êtes à table près d'eux, qu'ils ne manquent de rien de ce qui est à votre portée? Au spectacle, leur cédez-vous la place d'honneur? Êtes-vous digne enfin d'un des peuples les plus guerriers de l'antiquité, des Lacédémoniens, si fiers au combat des Thermopyles, si prévenans, si humbles partout où ils rencontraient des vieillards.

S'attaquer à un vieillard ou à un enfant, morbleu! c'est s'attaquer à l'humanité entière!

Écoutez ce que nous dit là-dessus, en vers charmans, notre Homère, ce Delille, dont la France se glorifie si justement. Il a aussi quelques droits à votre bienveillance; en traduisant l'Énéide, il a chanté les héros.

Ah! combien parmi nous sont plus touchans encore,
L'être qui va finir, l'être qui vient d'éclore!
Cher et fragile objet de tendresse et de soins,
Il plaît par ses défauts, règne par ses besoins....
De l'enfance pour nous tel est le doux attrait.
Avec moins de plaisirs, mais non sans intérêt,
L'imagination regarde la vieillesse;
Dans l'une tout commence, et dans l'autre tout cesse.
Mais ces ruines même intéressent encor:
Le vieillard du passé déroule le trésor.

S'il fut le bienfaiteur ou l'ornement du monde,
L'imagination, en souvenirs féconde,
Quand le présent ingrat semble l'abandonner,
Des honneurs qu'il n'a plus semble l'environner.
Ainsi le saint respect, qui, de loin le contemple,
Remplit toujours de Dieu les débris d'un vieux temple.
Mélange de douceur et de sévérité,
L'âge consacre encor sa sainte autorité.
C'est le père, le chef, le roi de sa famille :
Dans un siége d'honneur, près d'un feu qui pétille,
Il conte; et l'écoutant de l'oreille et de l'œil,
Le groupe se resserre autour de son fauteuil.
Douces mœurs, saint respect! amour de la vieillesse!
Revenez parmi nous, et puisse la jeunesse,
Pour son propre bonheur, abjurer ces travers
Qui perdirent la France et troublent l'univers!

Un vieillard, mon neveu, a été tout ce que vous êtes, et il est ce que vous ne serez peut-être pas. La tombe est ouverte devant nous du moment que nous naissons à la vie, et il arrive souvent que le vieillard la ferme sur le jeune homme. Toutes les sensations que vous éprouvez, le vieillard les a éprouvées lui-même: trop heureux si, parvenu à son âge, dont vous vous moquez, vous aurez fait un assez bon usage de ces sensations, pour que vos souvenirs et vos espérances amènent sur vos lèvres le cantique céleste que Gessner met dans la bouche du vieux Palémon.

« Que l'aurore brille agréablement à travers ces coudriers et ces rosiers sauvages qui s'étendent devant ma fenêtre ! que l'hirondelle chante gaiement sur la poutre qui soutient le toit de ma cabane ! la vive alouette chante aussi du haut des airs. Toute la nature s'éveille : la rosée a ranimé les plantes, elles semblent rajeunies ; je crois rajeunir aussi. Mon bâton, le soutien de ma vieillesse, va me conduire à la porte de ma chaumière : là, je me placerai vis-à-vis du soleil levant, et je parcourrai des yeux la verdure des prés.

« Que tout ce qui m'environne est beau ! tout ce que j'entends est la voix du bonheur, et de la reconnaissance.

Les oiseaux dans les airs, le berger dans la plaine, chantent la joie qui les anime; les troupeaux sur les collines verdoyantes et dans les vallons entrecoupés de ruisseaux expriment le plaisir par leurs mugissemens. Combien de temps, ô Dieu! combien de temps serai-je encore témoin de votre bonté? J'ai vu quatre-vingt-dix fois la révolution des saisons, et quand mes pensées se tournent en arrière pour contempler depuis ce moment jusqu'à l'heure de ma naissance, cette vaste, mais douce perspective, dont le premier terme échappe à ma vue et semble se perdre dans le vague d'un air pur et serein; ah! qu'alors tout mon cœur est ému! ce transport que ma langue ne peut balbutier, ces larmes de joie que je répands, ah dieux! ne sont-ce pas là de trop faibles actions de graces pour vos bienfaits? Ah! coulez, mes larmes, coulez le long de mes joues! Quand je regarde en arrière, il me semble que toute ma vie n'a été qu'un long printemps, et que les momens ténébreux semés dans son cours ont été de ces orages passagers qui rafraîchissent les campagnes et raniment les plantes. Jamais une contagion funeste n'a diminué notre troupeau ; jamais aucun accident n'a fait périr nos arbres ; jamais l'infortune ne s'est reposée long-temps sur cette cabane.

« Avec quels transports j'envisageais l'avenir lorsque mes enfans souriaient en folâtrant dans mes bras, ou lorsque ma main guidait leurs pas chancelans ! En voyant germer ces tendres rejetons, je portais ma vue dans l'avenir ; je versais des larmes de joie ; je veux, disais-je, les garantir de tous les accidens ; je veillerai sur leur croissance ; les dieux béniront mes efforts ; ils s'élèveront, ils porteront des fruits, ils deviendront arbres, et la douce fraîcheur de leur ombre récréera ma faible vieillesse. En parlant ainsi, je les pressais contre ma poitrine : maintenant qu'ils ont achevé de croître sous la bénédiction des dieux, ma vieillesse chancelante trouve sous leur ombre un heureux abri. C'est ainsi que j'ai vu croître ces pommiers, ces poiriers et ces grands noyers que j'ai plantés dans ma jeunesse autour de ma cabane ; ils étendent au loin leurs rameaux antiques, et couvrent d'un ombrage agréable ma petite habitation.

« La plus cruelle de toutes mes peines, ce fut, ô ma chère Myrta, ce fut lorsque, penchée sur mon sein, tu expiras dans mes embrassemens. Douze fois déjà le printemps a paré ta tombe de fleurs ; mais le jour, l'heureux jour approche où mes os seront étendus près des tiens : la nuit prochaine va peut-être en amener le moment.

« Que ce jour soit pour ma vieillesse un jour de réjouissances ! je rassemblerai autour de moi tous mes enfans, et jusqu'à mon petit-fils, qui commence à bégayer. J'offrirai aux dieux un sacrifice : l'autel sera placé ici à l'entrée de ma cabane ; j'entourerai ma tête chauve d'une guirlande ; ma faible main prendra la lyre, et tous ensemble nous chanterons autour de l'autel un cantique de louanges. Je couvrirai ensuite ma table de fleurs ; et, au milieu de la joie de nos entretiens, nous mangerons la victime. Ayant ainsi parlé, Palémon se leva en tremblant, et, s'appuyant sur son bâton, il appela ses enfans, et célébra gaiement avec eux une fête en l'honneur des dieux. »

Mon neveu, vous vous impatientez peut-être, et vous maudissez mon radotage. Je vous ai du moins prouvé, par les citations qui ont accompagné mes remontrances, que je n'ai rien demandé de vous que n'aient pratiqué les hommes célèbres par de longs travaux dans la carrière où vous n'avez encore fait que paraître. Je terminerai par un exemple unique, qui vous démontrera que toutes les qualités que je voudrais trouver en vous se sont rencontrées réunies chez un seul homme, qui avait bien d'autres motifs que vous pour se dispenser de se contraindre en quoi que ce soit, s'il est toutefois quelque chose dont un être vivant puisse s'exempter quand il s'agit de ses devoirs envers Dieu et envers la société. C'est Bourdaloue qui va vous parler pour moi dans ce dernier moment, et il va vous parler d'un des plus grands guerriers que la terre ait produits.

« On voit tous les jours, dans le monde, des hommes avec un peu de mérite, aidés du hasard et de la fortune, ne laisser pas de s'acquérir de la gloire et de faire de grandes actions, sans en être eux-mêmes plus grands. On voit dans le monde des hommes d'un mérite distingué, mais d'un mérite borné. On voit des braves, mais dont les autres qualités ne répondent pas à la valeur ; de grands capitaines, mais, hors de là, de petits génies. On y voit des esprits élevés, mais en même temps des ames basses; de bonnes têtes, mais de méchans cœurs. On y voit des sujets dont le mérite, quoique vrai, n'a pas le bonheur de plaire, et qui, avec tous les talens dont le ciel les a pourvus, n'ont pas celui de se faire aimer. On y voit des hommes qui brillent dans le mouvement et dans l'action, mais que le repos obscurcit et anéantit ; que les emplois font valoir, mais qui, dans la retraite, ne sont plus que l'ombre de ce qu'ils ont été.

« Où voit-on l'assemblage de toutes ces choses? c'est-à-dire, où voit-on, tout ensemble et dans le même homme, une gloire éclatante fondée sur un mérite infini ; de grandes actions faites par des principes encore plus grands : un courage invincible pour la guerre, et une intelligence supérieure et dominante pour le conseil; un esprit vaste, pénétrant, sublime, n'ignorant rien, et né pour décider de tout; une ame encore plus belle et encore plus noble; les vertus militaires avec les civiles; l'élévation du génie avec la bonté; la vivacité des lumières avec les charmes de la douceur? Où voit-on un homme également aimable et redoutable, également aimé et admiré; un homme, l'honneur de sa nation, la terreur des ennemis de son roi, l'ornement de la cour, l'admiration des savans, l'amour et les délices des honnêtes gens; un homme aussi grand dans la retraite qu'à la tête des armées; aussi comblé de gloire réduit à lui-même et se possédant lui-même, que remportant des victoires et donnant des combats? Où voit-on, dis-je, tout cela, et dans un éminent dégré?..... *dans le grand*

Condé, dans le prince incomparable que j'ai prétendu vous marquer; et je ne crains pas que, rempli de cette idée, vous ayez pu vous y méprendre, ni en imaginer un autre que lui......

« Comme il était né pour la guerre, il ne lui fallait point d'apprentissage pour le former. La supériorité de son génie lui tint lieu d'art et d'expérience, et il commença par où les conquérans les plus fameux auraient tenu à gloire de finir. Dans un âge où à peine confie-t-on aux autres la conduite d'eux-mêmes, il se vit toute la fortune de la France entre les mains. Nous étions menacés des derniers malheurs : la faiblesse d'une minorité, une régence tumultueuse, un conseil en butte à l'intrigue et à la cabale, des semences de division, des grands mécontens, l'agitation de la cour, l'épuisement des peuples, faisaient concevoir à l'Espagne des espérances prochaines de notre ruine.

« La valeur du duc d'Enghien apporta le remède à tous ces maux. Une bataille, de laquelle dépendait ou le salut ou la perte de l'État, fut l'épreuve et le coup d'essai de ce jeune héros. On crut qu'emporté par l'ardeur de son courage il allait tout risquer ; et déjà sûr de lui, en capitaine consommé, il répondit et se chargea de l'événement. En vain lui remontra-t-on qu'il allait combattre une armée plus nombreuse que la sienne, composée des meilleures troupes de l'Europe, commandée par des chefs d'élite, fière et enflée de ses succès, avantageusement postée : plein d'une confiance, qui parut dans ce moment-là lui être comme inspirée d'en haut, quoiqu'avec des forces inégales, il s'avança, il triompha ; et faisant tout céder à sa valeur, il déconcerta et il humilia les puissances ennemies......

« La fortune, inconstante pour les autres, sembla pour lui s'être fixée et avoir fait avec lui un pacte éternel, pour être inséparable de ses armes. Vaincre et combattre ne fut plus désormais pour lui qu'une même chose. Ce ne fut plus qu'un torrent de prospérité, de conquêtes, de batailles gagnées, de prises de villes. Il n'y eut point de campagne suivante qui, par la singularité des entreprises que forma le duc d'Enghien et qu'il exécuta, n'égalât ou ne surpassât tout ce que nous lisons dans l'histoire de plus surprenant.

« Les journées de Fribourg et de Nortlingue, si célèbres par l'opiniâtre résistance des ennemis et par les insurmontables difficultés qu'il y eut à les attaquer ; ces journées, que l'on peut fort bien comparer à celles d'Arbelles et de Pharsale, portèrent l'alarme et l'effroi jusque dans le cœur de l'empire, et forcèrent enfin l'Allemagne à vouloir la paix aux conditions qu'il nous plut de la lui donner. Sans parler de cent autres actions que je supprime, la journée de Lens, encore plus triomphante, acheva de mettre ce prince dans la juste et incontestable possession où il se vit alors, d'être le héros de son siècle. Une suite si étonnante de succès prodigieux et inouïs fit taire devant lui toute la terre, pour me servir du terme de l'Écriture, ou plutôt, par un contraire effet, quoique par la même raison, fit parler de lui toute la terre, c'est-à-dire la fit retentir de son nom, et la fit taire de tout le reste........

« Mais ce n'est pas tout; et je ne crains pas d'amplifier et d'exagérer quand j'ajoute que ses succès n'ont été que la moindre partie de sa gloire, et que le principe de ses actions était encore plus propre à le flatter que ses actions mêmes; parce qu'on ne peut nier que lui-même et ce qui était en lui ne fut encore infiniment plus grand que ce qui partait de lui; car j'appelle le principe de tant d'héroïques actions ce génie transcendant et du premier ordre que Dieu lui avait donné pour toutes les parties de l'art militaire, et qui, dans les siècles où l'admiration, se tournant en idolâtrie, produisait des divinités, l'aurait fait passer pour le dieu de la guerre, tant il avait d'avantage au-dessus de tous ceux qui s'y distinguaient.

« J'appelle le principe de ces grands exploits cette ardeur martiale qui, sans témérité ni emportement, lui faisait tout oser et tout entreprendre ; ce feu qui dans l'exécution lui rendait tout possible et tout facile; cette fermeté d'ame que jamais un obstacle n'arrêta, que jamais nul péril n'épouvanta, que jamais nulle résistance ne lassa ni ne rebuta ; cette vigilance que rien ne surprenait ; cette prévoyance à laquelle rien n'échappait ; cette étendue de pénétration avec laquelle, dans les plus hasardeuses occasions, il envisageait d'abord tout ce qui pouvait ou troubler ou favoriser l'événement des choses : semblable à un aigle, dont la vue perçante fait en un moment la découverte de tout un vaste pays; cette promptitude à prendre son parti, qu'on n'accusa jamais en lui de précipitation, et qui, sans avoir les inconvéniens de la lenteur des autres, en avait toute la maturité; cette science qu'il pratiquait si bien, et qui le rendait si habile à profiter des conjonctures, à prévenir les desseins des ennemis presque avant qu'ils fussent conçus, et à ne pas perdre en vaines délibérations ces momens heureux qui décident du sort des armes ; cette activité que rien ne pouvait égaler, et qui, dans un jour de bataille, le partageant, pour ainsi dire, en le multipliant, faisait qu'il se trouvait partout, qu'il suppléait à tout, qu'il ralliait tout, qu'il maintenait tout; soldat et général tout à la fois, et par sa présence inspirant à tout un corps d'armée, et jusqu'aux plus vils membres qui le composaient, son courage et sa valeur ; ce sang-froid qu'il savait si bien conserver dans la chaleur du combat ; cette tranquillité dont il n'était jamais plus sûr que quand on en venait aux mains et dans l'horreur de la mêlée ; cette modération et cette douceur pour les siens, qui redoublaient à mesure que sa fierté contre l'ennemi était émue ; cet inflexible oubli de sa personne, qui n'écouta jamais la remontrance, et auquel, constamment déterminé, il se fit toujours un devoir de prodiguer sa vie, et un jeu de braver la mort........

« Ceux qu'a vantés l'ancienne Rome, et ceux qui, avant lui, s'étaient distingués sur le théâtre de la France, possédaient plus ou moins de ces qualités : l'un excellait dans la conduite des siéges, l'autre dans l'art des campemens ; celui-ci était bon pour l'attaque, et celui-là pour la défense : l'universalité, jointe à l'éminence des vertus guerrières, était le caractère de distinction de l'invincible Condé. Ainsi le publiait le grand Turenne, cet homme digne de l'immortalité, mais le plus légitime juge du mérite de notre prince, et le plus zélé aussi bien que le plus sincère de ses admirateurs ; ainsi, dis-je, le publiait-il ; et la justice qu'il a toujours rendue à ce héros, en lui donnant le rang que je lui donne, est un témoignage dont on l'a ouï cent fois s'honorer lui-même. De là vient que le prince de Condé valait seul à la France des armées entières ; que devant lui les forces ennemies les plus redoutables s'affaiblissaient visiblement par la terreur de son nom ; que sous lui nos plus faibles troupes devenaient intrépides et invincibles ; que par lui nos frontières étaient à couvert et nos provinces en sûreté ; que sous lui se formaient et s'élevaient ces soldats aguerris, ces officiers expérimentés, ces braves dans tous les ordres de la milice, qui se sont depuis signalés dans nos dernières guerres, et qui n'ont acquis tant d'honneur au nom français que parce qu'ils avaient eu ce prince pour maître et pour chef.............

« Joignons à la gloire des armes celle de l'esprit, dont l'abus n'est pas moins à craindre, et qui donna dans sa personne tant de lustre à la qualité même de héros; car il n'était pas, si j'ose me servir de ce terme, de ces héros incultes qui, de la bravoure et de la science de la guerre, se font un titre et un droit d'ignorance pour tout le reste : avec le magnanime et l'héroïque, il sut accorder tout le brillant et tout le sublime des talens de l'esprit.

« Quelle capacité plus vaste, quel discernement plus exquis, quel goût plus fin, quelle compréhension plus vive, quelle manière de penser et de s'énoncer plus juste et plus noble ? Qu'ignorait-il ? et dans l'immensité des choses dont il avait acquis la connaissance, que ne savait-il pas exactement ? Depuis le cèdre jusqu'à l'hyssope, aussi-bien que le sage Salomon, c'est-à-dire depuis la plus relevée théologie jusqu'aux moindres secrets de la mécanique, de quoi n'était-il pas instruit ? que n'avait-il pas lu et dévoré ? Profane et sacré, antique et moderne, de quoi ne parlait-il pas et ne jugeait-il pas en maître ?

« S'il fallait assister à un conseil, avec quelle force de politique, avec quelle abondance d'expédiens, avec quel don de décision n'y opinait-il pas ! S'il s'entretenait avec des savans, que n'ajoutait-il pas à leurs lumières par ses réflexions ! et dans ce qu'ils croyaient savoir, de combien de faux préjugés, doué lui-même d'une science plus épurée, ne les faisait-il pas revenir ! quels poids, s'ils le consultaient comme auteurs, son approbation ne donnait-elle pas à leurs ouvrages! et quelle censure plus infaillible que la sienne leur répondait par avance du jugement du public! Tout cela se trouvant en lui accompagné de ces vertus qui font l'ornement de la société civile, et qui, par une alliance rare, joignaient le parfait honnête homme à l'habile homme, au grand homme, au prince, au héros; que lui manquait-il pour être, selon le monde, un homme achevé?

« Jamais homme n'eut donc tant de droit d'être rempli de lui-même, si jamais on peut avoir droit d'en être rempli; et jamais homme, pour se défendre de la vanité, n'eut donc tant à craindre du côté de la vérité. Mais c'est ici où commence le miracle de la Providence: car en même temps, parce qu'il avait un cœur solide (or voici à quoi je réduis la solidité de ce cœur, en le comparant et en l'opposant à lui-même), jamais homme avec tant de gloire n'a été si supérieur à sa propre gloire ; jamais homme avec tant de mérite n'a été moins enflé de son mérite ; jamais homme avec tant d'éclatans succès n'a été si éloigné de l'ostentation ni si ennemi de la flatterie ; jamais homme avec tant de grandeur n'a allié tant d'humanité, tant d'affabilité, tant de bonté ; jamais homme avec tant de capacité et tant de lumières n'a eu moins de présomption ; jamais homme avec tant de sujets d'être content de lui-même n'a été moins occupé de lui-même, moins gâté ni moins infecté de l'amour de lui-même ....

« Un héros supérieur à sa propre gloire, c'est-à-dire qui a tout fait pour l'acquérir, hors de la désirer et de la chercher, ce qu'il ne fit jamais. Quelle gloire avait-il en vue? celle du roi et de l'état. Pour celle-là, il n'y avait rien qu'il ne se crût permis ; et la mesure de ses désirs, quand il s'agissait de la gloire du roi, était de la désirer sans bornes, et de rapporter tout à elle, ou, pour mieux dire, de tout sacrifier pour elle. Il ne pensait à la sienne que pour en réprimer les mouvemens, et pour s'en interdire la vaine joie, qu'il estimait une bassesse : ayant souvent protesté que, quoiqu'il eût fait, il n'avait jamais rien fait pour paraître brave; ayant toujours eu pour maxime d'aller au solide des choses, d'aimer son devoir pour son devoir même, et de trouver dans le seul témoignage de sa conscience toute la récompense de ses services : solidité d'autant plus héroïque, qu'elle est plus intérieure et plus cachée.

« Un héros sans ostentation. Le vit-on jamais s'applaudir ou se prévaloir d'aucune de ces actions glorieuses qui l'avaient rendu si célèbre ? Sil en parlait, c'était avec une retenue dont jamais, ni sa complaisance pour ceux qui l'écoutaient, ni leur curiosité qu'il faisait souffrir, ne le fit relâcher. S'il racontait le gain d'une bataille, vous eussiez dit qu'il n'y avait nulle part; ce n'était que pour louer ceux qui y avaient montré de la valeur, que pour leur en donner la gloire, que pour les faire connaître à la cour : jamais plus éloquent ni plus officieux que quand il leur rendait cette justice, et jamais plus en garde ni plus réservé que quand on voulait ou surprendre ou forcer sa modestie, pour lui faire dire ce qui les touchait personnellement. A-t-on pu obtenir de lui qu'il écrivît les mémoires de sa vie? chose qu'il aurait faite si dignement, et dont la postérité lui aurait eu une obligation éternelle. Et avec quelque instance qu'on l'en ait pressé, son indocilité sur ce point, si je puis m'exprimer de la sorte, a-t-elle pu être vaincue? « Tout ce que j'ai fait, répondait-il, n'est bon qu'à être oublié : il faut écrire l'histoire du roi ;

toute autre désormais serait superflue. »
Et on sait avec quelle abondance de cœur il parlait ainsi. Sa sincérité n'était-elle pas en cela une aimable preuve de sa solidité ?

« Un héros ennemi de la flatterie ; vous me direz qu'il lui était aisé de l'être, parce qu'étant sûr de la vraie louange, et ayant tout ce qu'il avait pour être sincèrement loué, à peine pouvait-il craindre d'être flatté. Parlons donc plus correctement : un héros ennemi de la louange, même la plus sincère et la plus vraie; car il était difficile qu'on lui en donnât d'autre : mais c'était assez qu'elle fût louange pour qu'il ne pût pas la soutenir. Avec quelle impatience et quel chagrin ne la supportait-il pas, quand il ne pouvait l'éviter ? et quand il en était le maître, avec quel air de dignité, quoique sans fierté, ne la rebutait-il pas ? au lieu que le faible des grands est d'aimer à être trompé, et d'écouter avec plaisir l'adulation et le mensonge dont on nourrit sans cesse leur amour-propre; le caractère tout opposé de notre prince était de ne pouvoir souffrir les vérités mêmes qui lui étaient avantageuses, et qui, honorant son mérite, fatiguaient et gênaient sa modestie : hors de là, passionné pour la vérité, c'est-à-dire aimant la vérité qui l'instruisait, qui le détrompait, qui le condamnait; mais craignant et fuyant la vérité qui le louait et qui l'exaltait. Dis-je rien que vous n'ayez vu ? et ce caractère de solidité, si rare parmi les princes, ne vous a-t il pas, cent fois, fait admirer celui que vous regrettez aujourd'hui ?

« Un héros aussi humain qu'il était grand : je sais qu'il pouvait être l'un sans préjudice de l'autre, et je conviens qu'il était de l'intérêt de sa grandeur même, qu'il eût ce fonds d'humanité qui le rendait si affable et si accessible, parce qu'il ne paraissait jamais plus grand que quand il se communiquait et qu'il se laissait voir de près. De combien peu de grands du monde en pourrait-on dire autant ! Mais aussi dans combien peu de grands du monde voit-on cette application qu'il avait à gagner, par des bontés prévenantes, ceux qui avaient l'honneur de l'approcher ! Vit-on jamais prince d'un commerce plus aisé, plus libre, plus commode ? Se sentait-on quand on conversait avec lui, embarrassé ou gêné du respect qu'on avait pour sa personne, quoiqu'on en fût pénétré ? Quel soin n'avait-il pas de le tempérer par tout ce qu'il y a d'obligeant, se familiarisant avec les uns, s'abaissant avec les autres, s'ouvrant et se confiant à ceux-ci, entrant dans les affaires de ceux-là, s'accommodant et se proportionnant à tous ? Pouvait-on sortir d'avec lui sans être charmé de son honnêteté, et sans ressentir une joie secrète des marques qu'on venait d'en recevoir? et faut-il s'étonner si, avec de semblables manières, après avoir gagné tant de batailles, il avait gagné tant de cœurs? Mais en fallait-il un moins solide que le sien, pour préférer, comme il faisait, cette conquête des cœurs à toutes celles qu'il avait faites par sa valeur?

« Un héros que l'amour de lui-même n'avait point gaté : de là vient cet attachement admirable et cet inépuisable zèle qu'il avait pour tous ses devoirs. Comme il était peu occupé de soi, il pensait éternellement à ce qu'il croyait devoir aux autres. Fut-il jamais un meilleur père? fut-il un plus aimable maître? fut-il un plus parfait ami? Quelle ample matière d'éloges ces trois qualités ne me fourniraient-elles pas, si je pouvais m'y arrêter!

« Un plus parfait ami : servez-m'en ici de témoins, vous qui en avez fait l'épreuve : en avez-vous connu un plus fidèle, un plus sûr, un plus exact observateur des droits sacrés de l'amitié ? Vous, qui êtes assez heureux pour avoir été honorés de celle de ce grand homme, rappelez-en le souvenir, et dites-moi : vous a-t-il jamais manqué ? a-t-il eu de l'indiférence pour vos intérêts ? s'est-il montré insensible à vos malheurs ? lui est-il échappé un secret que vous lui eussiez confié ? avez-vous découvert en lui ces faibles auxquels l'amitié des grands est si sujette, ou plutôt qui font que les grands connaissent si peu l'amitié ? ses défiances et ses froideurs vous ont-elles causé de l'inquiétude ? avez-vous eu à essuyer ses inégalités ? a-t-il exigé de vous des dépendances serviles ? quand il a pu vous obliger, vous a-t-il fait valoir ses graces ? Il aimait et il voulait être aimé : a-t-il rien omis pour y réussir, et jamais prince y est-il mieux parvenu ; c'est-à-dire, jamais prince a-t-il eu tant d'amis choisis, tant d'amis désintéressés, tant d'amis attachés à lui pour lui-même, tant d'amis de toutes professions et de tous états ; à la cour et hors de la cour, dans la robe et dans l'épée ? Mais l'aimait-on comme on aime ordinairement les princes, par intérêt, par politique, par nécessité ; et n'avait-il pas l'avantage d'être aimé comme les particuliers, par inclination, par choix, par estime ; en un mot, parce qu'il était aimable ? »

CHAPITRE II.

De quelques-unes des vertus des femmes, et des défauts qu'il est surtout de leur intérêt et de leur gloire de ne pas contracter.

MA nièce, j'apprends que vous vous êtes moquée de votre cousin, à l'occasion des reproches que je lui ai adressés sur l'humeur insociable et sauvage qu'il affecte dans presque tous les points de sa conduite, et que vous avez principalement pesé sur ce qui regarde, dans mes reproches, son incivilité envers les personnes de votre sexe; de mots en mots, m'a-t-on dit, vous en êtes venue à vous autoriser de ce passage de ma lettre pour vous inscrire contre la forme et le fond de certaine querelle que vous avez eue ensemble en ma présence:

pour la forme, bien, ma nièce; mais le fond, corbleu! c'est à moi que vous allez avoir affaire, et je prends la place de mon neveu.

Mon neveu vous a parlé avec une dureté révoltante, et s'est laissé emporter de prime abord à des menaces qui ne doivent jamais trouver place sur les lèvres d'un homme quand il s'adresse à une femme; mais, au fond, il avait raison de reprendre votre conduite; et il aurait bien fait, morbleu! de vous engager fortement, quoiqu'avec politesse, à la réformer. — Nous passions sur une place, des jeunes gens groupés y causaient ensemble; l'un d'eux vous fixe avec affectation, et se met à nous suivre..... Vous ne détournez point votre vue de ses regards, et en continuant de marcher avec nous, de temps en temps vous penchiez même la tête vers lui, l'invitant, pour ainsi dire, par cette marque d'attention, au moins imprudente, à continuer sa poursuite et à en concevoir des espérances indignes. Ma nièce, ce n'est point ainsi que se comporte une jeune personne qui sait se respecter, et j'allais parler quand Alexandre a pris lui-même la parole de manière à m'ôter l'envie de lui prêter mon secours. Mais après avoir blâmé Alexandre comme il a mérité de l'être, c'est bien le moins que je vous tance à votre tour, mademoiselle Clara. Je suis de force à vous tenir tête à l'un et à l'autre. Nouveau Jean Bart, je n'ai jamais hésité à passer entre deux vaisseaux ennemis quand mon devoir m'appelait au-delà, et si un de mes bords a démâté votre cousin, l'autre vous rendra le même service. Vous avez beaucoup applaudi aux exemples par lesquels j'ai appuyé ma leçon à notre taquin : vous allez voir qu'ils ne me manqueront pas non plus pour celle qu'il faut que je vous donne, et qu'ils me viendront de sources dans un sens non moins respectables.

« Une des principales beautés du caractère d'une femme, dit Grégory, c'est cette réserve modeste, cette délicatesse qui lui font éviter les regards du public ; qui la déconcertent lorsqu'elle peut s'attendre à en être admirée. » D'abord, comment trouvez-vous cette sentence, ma chère Clara ? votre conduite y a-t-elle été bien conforme dans le moment en question ! « Ah ! vous récrierez-vous là-dessus ; mon oncle ne me croit donc au moins coupable que de vanité ? » Ma nièce, je ne me mêlerais plus de vous si, en pareil cas, je pouvais vous croire coupable de quelque chose de plus sérieux ; et ce doit être là en effet la seule faute qu'une jeune fille bien née ait pu commettre dans une semblable circonstance. J'ai d'ailleurs un souvenir qui détermine entièrement ma conviction à ce sujet :

vous n'avez fixé l'étourdi qui vous attire cette bordée qu'au moment où je l'ai entendu dire à ses amis, en leur parlant de vous : « Oh ! la jolie personne ! avec quel goût elle est mise » ! et les marques d'attention qu'il a ensuite reçues de vous en marchant, vous ont aussi été dérobées par de nouveaux éloges sur votre beauté et votre parure, plus flatteurs encore que les premiers. Mais pensez-vous, ma nièce, que la vanité ne soit pas à reprendre, et en pareille occasion surtout? Et quoi! en faisant votre éloge, on égare votre raison au point de vous entraîner à vous compromettre ! et votre éloge sur quel point? sur les charmes de votre figure, le goût et la nouveauté de votre mise? Je vous excuserais plus volontiers si ces louanges se fussent rapportées à quelque talent ou à quelque vertu sublime qu'on eut découvert en vous, quoique la nature ait soin, pour que les grands talens et les grandes vertus soient aimables, de les joindre ordinairement à la modestie. Ma nièce, écoutez ce que dit Fénélon sur la vanité des jeunes filles en général, et principalement sur celle qui a pour objet leurs ajustemens et leur beauté. Vous allez voir qu'il pousse la chose aussi loin qu'elle peut aller; en faisant la part des temps, tirons de son petit discours le profit qu'il nous est possible d'en tirer.

« Ne craignez rien tant que la vanité dans les filles, elles naissent avec un désir violent de plaire. Les chemins qui mènent les hommes à l'autorité et à la gloire leur étant fermés, elles tâchent de se dédommager par les agrémens de l'esprit et du corps : de là vient leur conversation douce et insinuante ; de là vient qu'elles aspirent tant à la beauté et à toutes les graces extérieures, et qu'elles sont si passionnées pour les ajustemens : une coiffe, un bout de ruban, une boucle de cheveux plus haut ou plus bas, le choix d'une couleur, ce sont pour elles autant d'affaires importantes.

« Ces excès vont encore plus loin dans notre nation qu'en toute autre ; l'humeur changeante qui règne parmi nous cause une variété continuelle de modes: ainsi on ajoute à l'amour des ajustemens celui de la nouveauté, qui a d'étranges charmes sur de tels esprits. Ces deux folies, mises ensemble, renversent les bornes des conditions, et dérèglent toutes les mœurs. Dès qu'il n'y a plus de règle pour les habits et pour les meubles, il n'y en a plus d'effectives pour les conditions : car pour la table des particuliers, c'est ce que l'autorité publique peut le moins régler ; chacun choisit selon son argent, ou plutôt sans argent, selon son ambition et sa vanité.

« Ce faste ruine les familles, et la ruine

des familles entraîne la corruption des mœurs. D'un côté, le faste excite dans les personnes d'une basse naissance la passion d'une prompte fortune; ce qui ne peut se faire sans péché, comme le Saint-Esprit nous l'assure. D'un autre côté, les gens de qualité se trouvant sans ressources font des lâchetés et des bassesses horribles pour soutenir leur dépense : par là s'éteignent insensiblement l'honneur, la foi, la probité et le naturel, même entre les plus proches parens.

« Tous ces maux viennent de l'autorité que les femmes vaines ont de décider sur les modes; elles font passer pour gaulois ridicules tous ceux qui ont voulu conserver la gravité et la simplicité des mœurs anciennes.

« Appliquez-vous donc à faire entendre aux filles combien l'honneur qui vient d'une bonne conduite et d'une vraie capacité est plus estimable que celui qu'on tire de ses cheveux ou de ses habits. « La beauté, direz-vous, trompe encore plus la personne qui la possède, que ceux qui en sont éblouis ; elle trouble, elle enivre l'ame : on est plus fortement idolâtre de soi-même, que les amans les plus passionnés ne le sont de la personne qu'ils aiment ». Il n'y a qu'un fort petit nombre d'années entre une belle femme et une autre qui ne l'est plus. La beauté ne peut être que nuisible, à moins qu'elle ne serve à faire marier avantageusement une fille. Mais comment y servira-t-elle, si elle n'est soutenue par le mérite et par la vertu ? Elle ne peut espérer d'épouser qu'un jeune fou, avec qui elle sera malheureuse, à moins que sa sagesse et sa modestie ne la fassent rechercher par des hommes d'un esprit réglé et sensible aux qualités solides. Les personnes qui tirent toute leur gloire de leur beauté deviennent bientôt ridicules ; elles arrivent, mais sans s'en apercevoir, à un certain âge où leur beauté se flétrit; et elles sont encore charmées d'elles-mêmes, quoique le monde, bien loin de l'être, en soit dégoûté. Enfin il est aussi déraisonnable de s'attacher uniquement à la beauté, que de vouloir mettre tout le mérite dans la force du corps, comme le font les peuples barbares et sauvages.

« De la beauté passons à l'ajustement : les véritables graces ne dépendent point d'une parure vaine et affectée. Il est vrai qu'on peut chercher la propreté, la proportion et la bienséance dans les habits nécessaires pour couvrir notre corps; mais, après tout, ces étoffes qui nous couvrent, et qu'on peut rendre commodes et agréables, ne peuvent jamais être des ornemens qui donnent une vraie beauté........ »

Quant à vous, ma nièce, je sais encore pour votre justification que vous êtes, par un enfantillage que je ne voudrais pas trouver en vous, fière, non-seulement de l'étoffe de vos vêtemens, mais encore de la manière dont ces vêtemens sont taillés. Votre couturière est la plus renommée, celle qui est le plus au fait des modes, et la plus habile à en tirer parti pour les avantages particuliers des différentes personnes qui l'emploient. Clara, je ne fais point un crime à une jeune fille de votre âge d'aimer à être mise comme tout le monde; mais je trouve mauvais qu'elle attache un aussi grand intérêt au goût moderne de sa parure. Généralement parlant, une personne sensée ne pense plus à son habit une fois qu'il se trouve sur son dos, et je crois du plus mauvais ton qu'on paraisse s'apercevoir qu'on est bien mis quand on l'est effectivement. Cette passion de marquer par la mode entraîne d'ailleurs, parfois, à de véritables extravagances. Ce n'est pas toujours la décence qui préside à la forme des ajustemens des femmes, et tel de ces ajustemens a besoin d'être un peu réformé pour qu'une personne réservée puisse le porter sans scandale. A l'application, ma nièce ; soit dit sans vous fâcher, votre parure, dans la rencontre dont il s'agit, avait je ne sais quoi de singulier qui m'a semblé excuser jusqu'à un certain point l'étourdi par lequel vous avez été suivie. On avait plus songé à y faire briller vos graces qu'à y ménager votre modestie ; et comme, suivant votre vœu le plus cher, vous aviez eu tout à fait la primeur du nouvel ajustement, quelqu'un qui n'en connaissait pas encore l'invention pouvait croire que vous l'aviez inventé vous-même dans des intentions peu louables, tandis que vous ne le portiez réellement que pour faire preuve de votre empressement, peut-être immodéré, à suivre la mode.

La mode, Clara, ne mérite pas que

nous lui fassions de tels sacrifices ; et si vous n'avez plus de mère, la raison, au défaut de mon frère, absorbé par l'étude des hautes sciences, doit vous conseiller à ce sujet. Mettez toujours la mode à-peu-près d'accord avec elle, ou renoncez à la mode. Jetez un moment les yeux sur le portrait que fait un auteur, de ce tyran ridicule et dangereux.

Oh ! j'ai promis que les autorités ne me manqueraient pas, et elles ne me manqueront certainement point.

« La mode se détruit elle-même ; elle vise toujours au parfait, et jamais elle ne le trouve, du moins elle ne veut jamais s'y arrêter : elle serait raisonnable si elle ne changeait que pour ne changer plus, après avoir trouvé la perfection pour la commodité et pour la bonne grace ; mais changer pour changer sans cesse, n'est-ce pas chercher plutôt l'inconstance et le déréglement que la véritable politesse et le bon goût ? Aussi n'y a-t-il d'ordinaire que caprice dans les modes. Les femmes sont en possession de décider ; il n'y a qu'elles qu'on veuille en croire. Ainsi les esprits les plus légers et les moins instruits entraînent les autres, elles ne choisissent et ne quittent rien par règle ; il suffit qu'une chose bien inventée ait été longtemps à la mode pour qu'elle ne doive plus l'être, et qu'une autre, quoique ridicule à titre de nouveauté, prenne sa place et soit admirée. »

Ma nièce, voyez le beau compliment que la mode attire là à votre sexe ; mais suivons notre auteur en l'abrégeant : « Voudriez-vous, s'écrie-t-il après s'être élevé contre l'indécence de quelques ajustemens et leur triste effet, voudriez-vous, pourra-t-on dire à une fille, hasarder votre ame et celle de votre prochain pour une folle vanité ? Ayez donc horreur des nudités de gorge et de toutes les autres immodesties ; quand même on commettrait ces fautes sans aucune mauvaise intention, du moins c'est une vanité, c'est un désir effréné de plaire. Cette vanité justifie-t-elle devant Dieu et devant les hommes une conduite si téméraire, si scandaleuse et si contagieuse pour autrui? Cet aveugle désir de plaire convient-il? .... Quand on cherche à plaire que prétend-on ? N'est-ce pas d'exciter les passions des hommes? Les tient-on dans ses mains pour les arrêter? Si elles vont trop loin, ne doit-on pas s'en imputer toutes les suites? Et ne vont-elles pas toujours trop loin, si peu qu'elles soient allumées? Vous préparez un poison et subtil et mortel; vous le versez sur tous les spectateurs, et vous vous croyez innocentes? »

Ma nièce, cette passion de votre sexe pour des frivolités dangereuses ne vient-elle pas un peu de ce qu'il se figure, sur la foi des flatteurs qui bourdonnent sans cesse à ses oreilles, que ses organes sont trop délicats pour des études et des occupations sérieuses, et que tous ses avantages doivent se réduire à une connaissance superficielle de la musique, de la danse et de ces jeux de société qui ne vont même pas jusqu'à la combinaison? C'est là une grande erreur, corbleu! et il nous importe de la détruire, à nous autres hommes sans préventions et sans envie, qui voulons trouver dans nos épouses et nos amies, autre chose que des poupées à ressorts, de beaux automates tout au plus, propres à récréer nos yeux pendant quelques minutes. Cette fois, c'est une femme même que j'appelle à mon secours.

« Il ne faut pas, dit madame de Lambert, négliger les talens ni les agrémens, puisque les femmes sont destinées à plaire; mais il faut bien plus penser à se donner un mérite solide, qu'à s'occuper de choses frivoles. Rien n'est plus court que le règne de la beauté ; rien n'est plus triste que la suite de la vie des femmes qui n'ont su qu'être belles. Si l'on a commencé à s'attacher à vous par les agrémens, ramenez tout à l'amitié, et faites qu'on y demeure par le mérite ». Et que votre mérite, ajouterai-je, se compose d'autres élémens que ceux dont je parlais tout-à-l'heure.

« Il est bon, continue en effet celle que je viens de citer, que les jeunes personnes s'occupent des sciences solides. L'histoire grecque et romaine élève l'ame, nourrit le courage par les grandes actions qu'on y voit. Il faut savoir l'histoire de France, il n'est pas permis d'ignorer l'histoire de son pays. Je ne blâmerais pas même un peu de philosophie, surtout de la nouvelle, si on en est capable ; elle vous met de la précision dans l'esprit, démêle vos idées, et vous apprend à penser juste. Je voudrais aussi de la morale. A force de lire

Cicéron, Pline et les autres, on prend du goût pour la vertu ; il se fait une impression insensible qui tourne au profit des mœurs. La pente aux vices se corrige par l'exemple de tant de vertus ; et rarement trouverez-vous un mauvais naturel avoir du goût pour ces sortes de lectures. On n'aime point à voir ce qui nous accuse et ce qui nous condamne toujours ». Et ne croyez pas, Clara, que lorsque vous auriez ainsi acquis des connaissances utiles et un véritable mérite, j'excusasse davantage ces mouvemens de vanité qui vous portent à rechercher l'attention et les louanges des parasites.

« Les anciens avaient, en général, un très-grand respect pour les femmes. Mais ils marquaient ce respect en craignant de les exposer au jugement du public, et croyaient honorer leur modestie en se taisant sur leurs vertus. Ils avaient pour maximes que le pays où les mœurs étaient les plus pures était celui où l'on parlait le moins des femmes, et que la femme la plus honnête était celle qui s'occupait le moins d'elle. C'est sur ce principe qu'un Spartiate entendant un étranger faire de magnifiques éloges d'une dame de sa connaissance, l'interrompit en colère. « Ne cesseras-tu pas de médire d'une femme de bien? s'écria-t-il ». De là venait que, dans leurs comédies, les rôles d'amoureuses et de filles à marier ne représentaient jamais que des esclaves, ou des filles publiques. Ils avaient une telle idée de la modestie du sexe, qu'ils auraient cru manquer aux égards qu'ils lui devaient, de mettre une honnête fille sur la scène, seulement en représentation ; en un mot, l'image du vice à découvert les choquait moins que celle de la pudeur offensée ». Il ne faut pas, comme l'écrit l'auteur de ce morceau, que, pour aucun motif, les femmes se livrent avec affectation aux applaudissemens, *et je veux, ma nièce, que celles qui s'apercevront qu'elles sont trop remarquées, glissent modestement au milieu des indiscrets, en se couvrant de leur voile.*

Que les soins du ménage occupent aussi une partie de leurs momens, et elles ne concevront point un ricicule orgueil de ce qu'elles auront appris ou fait dans les autres instans de la journée. Ces soins, en les entretenant dans une juste modestie, garantiront leur tête des vertiges d'un amour-propre désordonné; ils sont d'ailleurs de leur état et de leur destination. Le gouvernement de la maison, qu'on appelle l'économie domestique, doit être en effet, dans tous les temps la principale affaire des femmes, et c'est seulement après avoir rempli ce premier de leurs devoirs, qu'elles peuvent, sans mériter de reproches, s'occuper d'autre chose.

Chognet del. Gaucard sculp

La Modestie est la premiere vertu des femmes.

Quand j'entends une femme disserter avec hauteur sur la politique ou sur toute autre science, je me sens toujours tenté de lui demander, corbleu ! *si tout est en ordre dans son logis.* Clara, je sais que, de ce côté, mon frère tire peu de services de vous, et j'en suis mécontent, très-mécontent ! Si vous continuez, à qui pourra-t-on vous marier, sinon à un dissipateur ou à un fat? Je n'ignore pas que de nos jours, il est des gens, dont le nom vous semble faire autorité, qui peignent comme un ridicule la vertu que je vous recommande en ce moment. Il y a long-temps qu'il en est ainsi ; mais l'économie a eu aussi à toutes les époques, des défenseurs, et des defenseurs illustres.

« La plupart des femmes, dit Fénélon, la négligent comme un emploi bas qui ne convient qu'à des paysans, à des fermiers, tout au plus à un maître-d'hôtel ou à quelque femme-de-charge :

surtout les femmes nourries dans la mollesse, l'abondance et l'oisiveté, sont indolentes et dédaigneuses pour tout ce détail, elles ne font pas grande différence entre la vie champêtre et celle des sauvages du Canada. Si vous leur parlez de vente de blé, de culture de terres, de différentes natures de revenus, de la meilleure manière de faire des fermes ou d'établir des receveurs, elles croient que vous voulez les réduire à des occupations indignes d'elles.

« Ce n'est pourtant que par ignorance qu'on méprise cette science de l'économie. Les anciens Grecs et Romains, si polis, s'en instruisaient avec un grand soin ; les plus grands esprits d'entre eux en ont fait, sur leurs propres expériences, des livres que nous avons encore, et où ils ont marqué même les derniers détails de l'agriculture. On sait que leurs conquérans ne dédaignaient pas de labourer et de retourner à la charrue en sortant du triomphe... La solidité de l'esprit consiste à vouloir s'instruire exactement de la manière dont se font les choses qui sont les fondemens de la vie humaine....... Il faut sans doute un génie bien plus élevé et plus étendu pour s'instruire de tous les arts qui ont rapport à l'économie, et pour être en état de policer toute une famille, qui est une petite république, que pour jouer, discourir sur les modes, et s'excercer à de petites gentillesses de conversation. C'est une sorte d'esprit bien méprisable que celui qui ne va qu'à bien parler. On voit de tous côtés des femmes dont la conversation est pleine de maximes solides, et qui, faute d'avoir été appliquées de bonne heure, n'ont rien que de frivole dans la conduite.... »

Je ne prétends pas, ma nièce, par les soins d'ordre et d'économie que je voudrais vous voir prendre dans la maison de mon frère, vous conduire à cette épargne sordide qui ride avant les années le front de quelques personnes de votre sexe. Ce cas est prévu par le moraliste célébre que je viens de vous citer, et il recommande, au même endroit de ses ouvrages, de prévenir cet abus de la chose qu'il prescrit. Suivons-le donc encore quelques instans sur ce chapitre. « . . . . . . Prenez garde au défaut opposé, dit-il presque sans interruption : les femmes courent risque d'être extrêmes en tout ; il est bon de les accoutumer dès l'enfance à gouverner quelque chose, à faire des comptes, et à voir la manière de faire les marchés de tout ce qu'on achète, et savoir comment il faut que chaque chose soit faite pour être d'un bon usage : mais craignez aussi que l'économie n'aille en elles jusqu'à l'avarice : montrez-leur en détail tout les ridicules de cette passion ; dites-leur ensuite : « Prenez garde que l'avarice gagne peu, et qu'elle se déshonore beaucoup. Un esprit raisonnable ne doit chercher dans une vie frugale et laborieuse qu'à éviter la honte et l'injustice attachées à une conduite prodigue et ruineuse. Il ne faut retrancher les dépenses superflues que pour être en état de faire plus libéralement celles que la bienveillance, ou l'amitié, ou la charité inspirent.....

« Faites, continue le même moraliste, pour la propreté, comme pour l'économie; accoutumez les filles de bonne heure à ne souffrir rien de sale ni de dérangé; qu'elles remarquent le moindre désordre dans une maison; faites-leur même observer que rien ne contribue plus à l'économie et à la propreté, que de tenir chaque chose à sa place. Cette règle ne paraît presque rien; cependant elle irait loin si elle était exactement gardée Avez-vous besoin d'une chose, vous ne perdez jamais un moment à la chercher; il n'y a ni trouble, ni dispute, ni embarras quand on en a besoin ; et quand vous vous en êtes servi, vous la remettez sur-le-champ à la même place où vous l'avez prise. Ce bel ordre fait une des plus grandes parties de la propreté ; c'est ce qui frappe le plus les yeux, que de voir cet arrangement si exact. D'ailleurs, la place qu'on donne à chaque chose étant celle qui lui convient davantage, non-seulement pour la bonne grace et le plaisir des yeux, mais encore pour sa conservation, elle s'y use moins qu'ailleurs ; elle ne s'y gâte d'ordinaire par aucun accident ; elle y est même entretenue proprement : car, par exemple, un vase ne sera ni poudreux, ni en danger de se briser, lorqu'on le remettra dans sa place immédiatement après s'en être servi. L'esprit d'exactitude qui fait ranger, fait aussi nettoyer : joignez à ces avantages celui d'ôter par cette habitude aux domestiques l'esprit de paresse et de confusion.........»

Clara, allons plus loin ; je désire vous trouver quelquefois l'aiguille à la main, ne remplaçant pas, mais guidant les ouvrières employées à faire vos meubles et vos habillemens. La charité ne veut pas qu'une personne riche travaille elle-même trop sérieusement aux choses qui sont à son usage ; les faire faire est un tribut qu'elle doit à l'humanité : mais il faut que la façon de ces choses ne lui soit pas étrangère, et qu'elle l'ait occupée raisonnablement. Le travail des mains est plus propre qu'on ne pense à prévenir les égaremens de l'esprit : il rappelle à l'être opulent, ce que son origine a de commun avec celle de l'être pauvre et délaissé ; et comme l'économie de la maison entretient dans son cœur une salutaire modestie et une compassion précieuse, de grands exemples parlent en faveur de ce système.

« Dans ces siècles reculés qui se ressentaient de l'heureuse simplicité du monde encore jeune, dit Rollin, les dames les plus qualifiées s'occupaient même à des travaux très-pénibles, et qui nous paraîtraient maintenant bas et méprisables. Sara, dans une maison opulente, et avec un très-nombreux domestique, préparait de ses mains à manger à ses hôtes. On voyait Rébecca et Rachel, dans un âge encore tendre, revenir de la fontaine ses épaules chargées de vaisseaux pesans, remplis d'eau. Chez Alcinoüs, roi des Phéaques, qui exerçait l'hospitalité avec une magnificence vraiment royale, la jeune princesse Nausicaé, sa fille, ne rougissait point d'aller à la rivière laver elle-même le linge. Le sexe a conservé cette louable habitude du travail des mains dans tous les temps et dans tous les pays. L'histoire remarque que l'empereur Auguste, maître de l'univers, portait des habits travaillés par sa mère, sa femme et sa sœur.... »

Je ne prétends pas, ma nièce, qu'à l'exemple de Sara, vous prépariez de vos mains le dîner de mon frère et de ses hôtes, ni que vous alliez laver son linge et puiser de l'eau à la fontaine : mais je veux que vous sachiez comment tout cela se fait, et que vous en soyez quelquefois témoin, par un autre motif cependant que celui d'une inquisition avaricieuse. Je veux que vous sachiez, chaque jour, quels mets seront servis sur sa table ; et que vous puissiez ensuite, s'il y a lieu, dire en particulier à votre cuisinier pourquoi tel plat n'a pas semblé bon, et de quelle manière il aurait fallu s'y prendre pour le rendre meilleur.

Encore une fois, ne dédaignez aucun de ces détails, et occupez-vous-en seulement avec noblesse. Croyez que leur connaissance ne vous aliénera jamais les personnes dont il peut être vraiment honorable de s'attirer l'estime et l'attachement. Recueillez-en la preuve dans le discours par lequel Télémaque cherche à justifier auprès de Mentor son amour pour la fille du roi de Salente, et dans la réponse de ce vieillard qui, dans l'immortel roman de Fénélon, n'est autre chose que la sagesse personnifiée.

« Ce qui me touche dans Antiope, dit Télémaque à Mentor, c'est son silence, sa modestie, sa retraite, son travail assidu, son industrie pour les ouvrages de laine et de broderie, son application à conduire toute la maison de son père depuis que sa mère est morte, son mépris des vaines parures, l'oubli ou l'ignorance même qui paraît en elle de sa beauté. Quand Idoménée lui ordonne de mener les danses des jeunes Crétoises au son des flûtes, on la prendrait pour la riante Vénus qui est accompagnée des Graces; quand il la mène avec lui à la chasse dans les forêts, elle paraît majestueuse et adroite à tirer de l'arc, comme Diane au milieu de ses nymphes; elle seule ne le sait pas, et tout le monde l'admire; quand elle entre dans les temples des dieux, et qu'elle porte sur sa tête les choses sacrées dans des corbeilles, on croirait qu'elle est elle-même la divinité qui habite dans les temples. Avec quelle crainte et quelle religion ne la voyons-nous pas offrir des sacrifices et détourner la colère des dieux, quand il faut expier quelque faute ou détourner quelque funeste présage! Enfin, quand on la voit avec une troupe de femmes, tenant en sa main une aiguille d'or, on croit que c'est Minerve même qui a pris sur la terre une forme humaine, et qui inspire aux hommes les beaux arts; elle anime les autres à travailler; elle leur adoucit le travail et l'ennui par le charme de sa voix, lorsqu'elle chante toutes les merveilleuses histoires des dieux; elle surpasse la plus exquise peinture par la délicatesse de ses broderies. Heureux l'homme qu'un doux hymen unira avec elle ! il n'aura à craindre que de la perdre et de lui survivre........ »

Que répond Mentor ? « ...... Antiope est douce, simple, sage ; ses mains ne méprisent point le travail ; elle prévoit de loin ; elle pourvoit à tout ; elle sait se taire, et agit de suite sans empressement ; elle est à toute heure occupée ; elle ne s'embarrasse jamais, parce qu'elle fait chaque chose à propos : le bon ordre de la maison de son père est sa gloire ; elle en est plus ornée que de sa beauté. Quoiqu'elle ait soin de tout, et qu'elle soit chargée de corriger, de refuser, d'épargner (choses qui font haïr presque toutes les femmes), elle s'est rendue aimable à toute la maison : c'est qu'on ne trouve en elle ni passion, ni entêtement, ni légèreté, ni humeur, comme dans les autres femmes : d'un seul regard elle sait se

faire entendre, et l'on craint de lui déplaire ; elle donne des ordres précis ; elle n'ordonne que ce qu'on peut exécuter ; elle reprend avec bonté, et en reprenant elle encourage. Le cœur de son père se repose sur elle, comme un voyageur abattu par les ardeurs du soleil se repose à l'ombre sur l'herbe tendre. Vous avez raison, Télémaque ; Antiope est un trésor digne d'être recherché dans les terres les plus éloignées. Son esprit, non plus que son corps, ne se pare jamais de vains ornemens : son imagination, quoique vide, est retenue par sa discrétion ; elle ne parle que pour la nécessité ; et si elle ouvre la bouche, la douce persuasion et les graces naïves coulent de ses lèvres. Dès qu'elle parle tout le monde se tait, et elle en rougit : peu s'en faut qu'elle ne supprime ce qu'elle a voulu dire, quand elle aperçoit qu'on l'écoute si attentivement...
.... Allons, Télémaque,

allons vers Ithaque; il ne me reste plus qu'à vous faire trouver votre père, et qu'à vous mettre en état d'obtenir une femme digne de l'âge d'or. Fût-elle bergère dans la froide Algide, au lieu qu'elle est fille du roi de Salente, vous seriez trop heureux de la posséder. »

Dans ce morceau, si beau sous tant de rapports, une jeune fille est louée, non-seulement pour les qualités dont je viens de tâcher de vous inspirer particulièrement le goût, ma chère Clara, mais aussi pour d'autres qu'il n'importe pas moins à votre sexe de posséder. Je vais terminer cette première partie de ma mercuriale par un passage de Grégory, plus complet encore. C'est une espèce de petite instruction générale sur la conduite que doit tenir une jeune fille dans le monde. Elle commence par une exhortation à la modestie : c'est un mérite de plus que je lui trouve, vu le principal sujet de notre querelle.

« Quand une fille cesse de rougir, dit Grégory, elle a perdu le plus séduisant de tous ses charmes. Cette extrême sensibilité qui fait rougir peut être une faiblesse et un défaut dans un homme, comme je l'ai trop souvent éprouvé moi-même ; mais dans votre sexe, elle est un attrait des plus engageans. Un pédant, qui se persuade d'être philosophe, demande pour quelle raison une femme rougirait lorsqu'elle n'a pas de reproche à se faire ; il suffit de lui répondre que la nature a voulu vous faire rougir lorsque vous n'êtes coupables d'aucune faute, et qu'elle nous force à vous aimer lorsqu'un rouge modeste couvre votre front. — La rougeur qui monte au visage est si peu par elle-même un indice infaillible du crime, qu'elle est au contraire la compagne ordinaire de l'innocence.

« Cette modestie, que je crois si essentielle à votre sexe, vous disposera naturellement à garder par préférence le silence dans une compagnie, et surtout si elle est nombreuse. Les gens de bon sens ne prendront jamais ce silence pour une stupidité méprisable. On peut prendre part à la conversation sans prononcer un mot; la contenance est assez expressive pour montrer la part qu'on y prend, et elle n'échappe pas aux yeux d'un observateur attentif. Je serais bien flatté que dans les assemblées publiques vous fissiez paraître une dignité aisée; mais ce ne doit être, ni une aisance qui marque la confiance que vous avez en vous-mêmes, ni une contenance effrontée qui semble défier la compagnie. — Si, lorsqu'un homme a lié conversation avec vous, un autre d'un rang supérieur vous adresse la parole, ne laissez point paraître trop d'empressement pour écouter ce dernier, vous trahiriez le désordre de votre cœur par une préférence trop marquée. Que votre orgueil dans cette occasion vous empêche de faire cette bassesse, que votre vanité pourrait vous suggérer. Faites attention que vous vous exposeriez par-là à vous donner un ridicule devant toute la compagnie, et à faire un affront à un homme, seulement pour avoir embelli le triomphe d'un autre, qui pense peut-être vous faire honneur en s'entretenant avec vous.

« En conversant avec les hommes, même avec ceux du premier rang, ne vous relâchez jamais de cette modeste dignité qui peut vous préserver de toute apparence de familiarité, et qui conséquemment les empêchera de sentir qu'ils sont vos supérieurs.

« L'esprit est le plus dangereux des talens que vous puissiez avoir : vous ne devez en faire usage qu'avec beaucoup de discrétion et avec beaucoup de douceur, autrement il vous suscitera bien des ennemis. L'esprit peut très-bien s'accorder avec la douceur du caractère et la délicatesse du sentiment ; mais rarement ces deux qualités se rencontrent-elles avec lui.

« Ne déployez même votre bon sens qu'avec précaution : on pourrait croire que vous voulez vous arroger une supériorité marquée sur le reste de la compagnie. — Mais s'il vous arrive d'avoir des connaissances sur quelques sciences, cultivez-les en secret, et surtout à l'insu des hommes, qui ordinairement regardent d'un œil jaloux et malin une femme savante dont l'esprit est orné et cultivé.

« Un homme de candeur et d'un vrai génie est bien au-dessus de cette faiblesse. Mais rarement en trouverez-vous de cette trempe ; et si par hasard vous en rencontrez un, ne vous empressez pas de lui faire remarquer toute l'étendue de vos connaissances : il les découvrira bientôt lui-même, s'il a quelques occasions de vous voir ; et si vous avez quelques avantages du côté de votre personne, probablement il les exagérera lui-même, et il vous croira plus de mérite que vous n'en avez. — Le grand art de plaire dans la conversation consiste à faire en sorte que la compagnie se plaise à elle-même ; et vous gagnerez plutôt son estime en donnant toute votre attention à ce qu'elle dit, qu'en l'entretenant vous-même.

« Gardez-vous bien de médire, mais surtout des personnes de votre sexe. On vous accuse en général d'être particulièrement sujettes à ce défaut honteux. — Je pense que c'est injustement. — Les hommes y sont au moins aussi sujets, lorsque leurs intérêts se croisent. Comme les intérêts particuliers dans votre sexe se choquent plus souvent, et comme votre ressentiment est plus prompt à s'enflammer que le nôtre, les occasions de médire sont plus fréquentes pour vous. Pour cette raison, soyez extrêmement sensible à la réputation de votre sexe, surtout si vous avez quelque rivale. Nous regardons cette sensibilité de votre part comme la plus forte preuve de la noblesse et de la grandeur d'ame.

« Montrez une tendre compassion pour les femmes malheureuses, et surtout pour celles qui ne le sont que par la perfidie des hommes. Goûtez un plaisir secret, je dirai même, tirez une noble vanité d'être les amies et le refuge des malheureux, mais n'ayez pas l'orgueil de le faire paraître.

« Considérez tout propos libre dans la conversation comme honteux en lui-même, et capable de nous dégoûter extraordinairement; tout double sens est de ce nombre. Les manières trop libres dans lesquelles on élève les hommes les autorisent à se divertir de certaines saillies d'esprit; néanmoins ils conservent assez de délicatesse pour en être scandalisés s'ils les entendent de la bouche d'une femme, ou même si une femme les entend prononcer sans peine et sans marquer le mépris qu'elle en doit faire. — La pureté d'une fille est d'une nature si délicate, qu'elle ne peut entendre certaine chose sans en être altérée. Il dépend toujours de vous de ne pas vous trouver dans ce cas. Il n'est pas d'homme, si ce n'est un stupide ou un fou, qui se permettra de scandaliser, par sa conversation, une femme, s'il voit que ses propos la mortifient réellement : non, il n'osera pas le faire si elle ressent l'injure comme elle le doit. Il y a une certaine noblesse dans la vertu solide, qui est capable de tenir dans le respect le plus libertin et le plus abandonné des hommes.

« On vous reprochera peut-être la pruderie : par pruderie, on entend ordinairement une délicatesse affectée. Je ne souhaite pas que vous affectiez de la délicatesse ; je désire seulement que vous en ayez. Quoi qu'il en soit, il vaut mieux courir le risque de passer pour ridicule, que d'être cynique et rebutante.

« Les hommes se plaindront de votre réserve ; ils vous assureront que plus de franchise vous rendrait plus aimables mais croyez-moi, ils ne parlent pas avec sincérité lorsqu'ils vous le disent. — J'avoue que, dans quelques occasions, plus d'aisance dans vos manières pourrait vous rendre plus agréables en ne vous considérant que comme nos compagnes ; mais en vous considérant comme femmes, plus de liberté dans votre maintien vous rendrait moins aimables : importante distinction à laquelle plusieurs femmes ne font pas attention. — Après tout, je désire que vous ayez dans la conversation beaucoup d'aisance et de franchise. Je prétends seulement vous laisser quelques réflexions qui puissent vous servir à régler votre maintien à cet égard. Que la vérité soit sacrée pour vous : le mensonge est un vice honteux et méprisable. — J'ai connu quelques femmes, très-accomplies d'ailleurs, qui étaient si fort sujettes à mentir, qu'on ne pouvait pas ajouter foi à ce qu'elles racontaient, principalement s'il y avait du merveilleux dans leur narration, ou si elles se disaient les héroïnes de leur conte. Cette faiblesse n'indiquait pas un mauvais cœur ; elle était seulement le fruit de la vanité et d'une imagination volage. — Je ne prétends pas censurer quelques broderies propres à embellir une historiette qui n'est faite seulement que pour faire naître une joie innocente.

« Il y a dans les manières de votre sexe une certaine gentillesse d'esprit extrêmement engageante ; ce ne sont pas ces attentions prodiguées sans discernement, ce n'est pas ce sourire fade qu'elles affectent également pour tous : ces défauts proviennent d'une douceur affectée ou d'une fadeur révoltante. »

Clara, il faut toutes ces vertus, tous ces avantages et d'autres encore, pour tenir une place honorable dans votre sexe. Un grand titre n'y est absolument rien qu'une raison à la critique de juger plus sévèrement. Ce titre, joint à quelques talens, fait quelquefois trouver grace à un homme, ou lui donne du moins un ascendant qui ferme la bouche à la médisance et à la raillerie ; c'est autour d'une femme une espèce de fanal qui éclaire ses actions jusque dans leurs moindres détails, et appelle sur elle les regards perçans et rigoureux de l'envie et de la malignité. On demande d'un homme : « Est-ce un savant jurisconsulte, un bon financier, ou un grand politique » ? On demande d'une femme : « Est-ce une bonne fille, une personne vertueuse, ou une épouse estimable » ?

Quel est le sentiment qui plaît le plus au cœur de l'homme et l'émeut davantage, si ce n'est celui qu'il éprouve à l'approche d'une jeune fille dont chacun vante la bonne conduite et la candeur? Quelle cérémonie produit sur nous une impression plus douce que celle où le prix de la vertu est décernée à l'innocence? A travers les siècles et leur dépravation toujours croissante, la fête de la Rosière est venue jusqu'à nous, honorée, respectée et recherchée. Les princes veulent y prendre part lorsque le moment en arrive; et ils regardent comme un des plus beaux droits de leur suprématie, celui de poser la couronne sur la tête virginale qui en est jugée la plus digne. De quel éclat brillent cependant les rosières? Nées et vivant dans les villages; elles sont simples comme les fleurs de leurs champs, et leur mérite est dans cette simplicité : c'est dans tous les états celui auquel aspire la vertu véritable.

S. Médard, contemporain de Clovis, est, suivant la tradition, le fondateur de la fête de la Rose. Ce bon évêque, qui était seigneur de Salency, village à une petite lieue de Noyon, avait imaginé de donner tous les ans une somme de vingt-cinq livres et une couronne de roses à celle des filles de sa terre qui jouirait de la plus grande réputation de vertu. On rapporte qu'il donna lui-même ce prix glorieux *à une de ses sœurs*, que la voix publique avait nommée pour être rosière. On voyait encore, avant la révolution, au-dessus de la chapelle de S.-Médard, située à l'une des extrémités de Salency, un tableau où ce saint prélat était représenté en habits pontificaux, et mettant une couronne de roses sur la tête *de sa sœur*, qui était coiffée en cheveux, et à genoux.

Par le titre de la fondation, il fallait non-seulement que la rosière eût une réputation irréprochable, mais que son père, sa mère, ses frères, ses sœurs et autres parens, en remontant jusqu'à la quatrième génération, fussent eux-mêmes irrépréhensibles. La tache la légère, le moindre soupçon, le plus petit nuage dans la famille, eût plus été un titre d'exclusion.

Le seigneur de Salency était seul en possession, depuis l'origine, du droit de choisir la rosière entre trois filles du village, qu'on lui présentait un mois d'avance. C'étaient les personnes les plus âgées et les plus respectables de Salency qui désignaient, d'après une assemblée tenue à ce sujet, les trois filles entre lesquelles une devait être choisie.

Lorsque le seigneur avait nommé la rosière, il était obligé de la faire annoncer au prône de la paroisse, afin que les autres filles, ses rivales, eussent le temps d'examiner ce choix et de le contredire s'il n'était pas conforme à la justice la plus rigoureuse. Cet examen se faisait avec l'impartialité la plus sévère : c'était après cette épreuve que le choix du seigneur était confirmé.

Le 8 juin, jour de la fête de S.-Médard, vers les deux heures après midi, la rosière, vêtue de blanc, les cheveux tombant à grosses boucles sur les épaules, accompagnée de sa famille, et de douze filles aussi vêtues de blanc, avec un large ruban bleu en écharpe, auxquelles douze garçons du village donnaient la main, se rendaient au château de Salency, au son des tambours, des violons, des musettes, etc. Le seigneur ou son préposé allait la recevoir : la rosière lui faisait un petit compliment pour le remercier de la préférence qu'il lui avait donnée, ensuite le seigneur ou celui qui le représentait, et son bailli, lui donnaient chacun une main ; et, précédés des instrumens, suivis d'un nombreux cortége, ils la menaient à la paroisse, où elle entendait les vêpres sur un prie-dieu placé au milieu du chœur.

Les vêpres finies, le clergé sortait processionnellement avec le peuple, pour aller à la chapelle S.-Médard. C'est là que le curé ou l'officiant bénissait la couronne ou le chapeau de roses qui était sur l'autel. Ce chapeau était entouré d'un ruban bleu, et garni sur le devant d'un anneau d'argent. Après la bénédiction et un discours analogue au sujet, la rosière se mettait à genoux ; le célébrant lui posait sur la tête la couronne de roses, et lui remettait en même temps vingt-cinq livres, en présence du seigneur et des officiers de la justice.

La rosière, couronnée, était reconduite de nouveau par le seigneur et toute sa suite jusqu'a la paroisse, où l'on chantait le *Te Deum* et une antienne à S. Médard, au bruit de la mousqueterie des jeunes gens du village. A la sortie de l'église, le seigneur ou son représentant menait la rosière jusqu'au milieu de la grande rue de Salency; des censitaires de la seigneurie y avaient fait dresser une table, où elle recevait des hommages particuliers.

De là toute l'assemblée se rendait dans la cour du château, sous un gros arbre, où le seigneur dansait le premier avec la rosière. Ce bal champêtre finissait après le coucher du soleil. Le lendemain, dans l'après midi, la rosière invitait chez elle toutes les filles du village, et leur donnait une grande collation, suivie de tous les divertissemens ordinaires en pareil cas.

Le cordon bleu n'était pas de l'institution primitive; il date d'une époque plus récente, où un roi de France luimême voulut que le signe distinctif du premier ordre de chevalerie du royaume servît à décorer en un tel jour l'objet de la fête, afin sans doute, de donner à entendre que rien n'est plus précieux aux yeux du chef de l'État que la vertu, et que, sous sa protection, elle peut conduire à tout. Louis XIII, se trouvant au château de Varennes, près de Salency, M. de Belloy, alors seigneur de ce village, supplia le monarque de faire couronner la rosière en son nom. Louis XIII y consentit, et envoya le marquis de Gordes, son premier capitaine des gardes, pour faire la cérémonie de la rose au nom du roi. Par l'ordre de ce prince, M. de Gordes ajouta aux fleurs une bague d'argent et un cordon bleu, et ce fut depuis lors qu'on donna une bague d'argent et un cordon bleu aux rosières.

Telle était la fête de la rose. Pour donner une idée de l'influence qu'eut cette sage institution sur les habitans de Salency, je vais à présent, ma nièce, vous rapporter une lettre de M. de Tressan, qui alla visiter ce petit coin de la France avec autant d'empressement que d'autres vont admirer les merveilles du monde.

« Je l'ai fait, monsieur, écrivait-il à un de ses amis, ce voyage intéressant ; j'ai vu ce hameau dont l'enceinte renferme la paix, le bonheur, et des vertus qui se sont transmises toujours pures depuis le cinquième siècle de notre ère : je les ai vus ces modestes Salenciens, j'en suis encore ému. C'est un hameau construit aujourd'hui comme il le fut sous Clovis, cultivé à peu de chose près de la même manière, et peuplé d'hommes aussi vertueux aujourd'hui qu'ils l'étaient alors.

« Figurez-vous trois cents habitations séparées l'une de l'autre par un verger, ou un vignoble, ou un petit parc qui coupent la fatigante et malsaine monotonie des rues, et ouvrent l'espace à la circulation de l'air. Le toit sous lequel repose le Salencien lui appartient ; le terrain qui l'entoure est l'héritage respecté de ses pères. On ne le voit point, comme ailleurs, solliciter, le chapeau à la main, un avare tenancier de lui donner à bail quelques arpens de terre pour les baigner de ses sueurs ; il n'est point humilié par le voisinage de l'homme riche ; son voisin, son pasteur, comme lui, travaille dès l'aube du jour, n'est ni plus fier ni plus gai que lui ; trois arpens suffisent au sobre entretien d'une famille ; le produit annuel, réalisé en argent, se monte à douze sous par jour : c'est peu, c'en est assez pour suffire aux besoins. Ils sont pauvres (si c'est l'être que de n'avoir que le nécessaire) ; mais jamais ils n'ont été tentés d'envahir le champ voisin ; jamais ils n'ont eu recours aux tribunaux pour éclaircir le droit de propriété. On ne retrouve dans aucun greffe le nom des Salenciens ; pas un seul jugement n'a été rendu contre eux : un seul l'a été en leur faveur en 1775, et c'est leur seigneur qui les y a forcés. L'orphelin a pu dormir dans la cabane que lui a laissé son père, sans avoir besoin de l'appui d'un tuteur ; et jamais un curateur ne fut obligé de réprimer une adolescence inquiète. Ils ne connaissent le prince et les lois que de nom. Le jeune homme craint toujours qu'une faute de sa part ne prive sa sœur, sa cousine ou sa parente, de la rose; le père s'observe par égard pour sa fille ou pour ses nièces ; la mère qui fut rosière apprend à sa fille tout ce qu'elle pratiqua pour se rendre digne d'une telle faveur. Ainsi un chapeau de roses tient lieu aux Salenciens de lois, de juges et de code : une rose est le germe de mille vertus et les perpétue de génération en génération. Rappelons-nous les histoires de toutes les monarchies, combien de révolutions sur la surface du globe depuis Clovis! Tout a changé, tout a été corrompu ; Salency n'a rien perdu de sa pureté primitive : la rose fut la sauve-garde de sa vertu et de son bonheur. Des mésalliances sans nombre nécessitaient partout des édits rigoureux ; la Salencienne, toujours fidèle à la coutume, n'épousa jamais qu'un Salencien, et n'altéra point ses bonnes mœurs. Six noms désignent toutes les familles : ainsi quatre cent cinquante habitans n'ont eu que six auteurs, qui, alliés l'un à l'autre, ne forment depuis long-temps qu'une seule famille, et le tronc sacré n'a point reçu de rameaux étrangers.

« Que votre imagination, mon ami, n'aille point au-delà de la vérité. Ne vous figurez point une rosière galamment parée, bien modestement jolie ; ne lui prêtez point le double charme de la beauté et de la vertu ; ce serait trop d'avantages. La rosière est le plus souvent très-laide, mais elle est ver-

tueuse : la figure disparaît ; on ne v
ni la paysane ni la laideur ; c'est
rosière : ce nom suffit pour tout er
bellir. Les vieillards, qui choisissent
plus sage, n'ont des oreilles que po
entendre le récit des vertus que pr
pose l'assemblée générale des habitai
La beauté n'y contrebalance jamais u
bonne qualité dans une rivale....

« On est laid à Salency; mais cet
laideur est fille du travail. J'avais c
que cette colonie ne se mêlant poi
avec un sang étranger, avait conser
sa petitesse et sa forme originelle. « Ce
peut être, me répondit le curé, à q
je faisais ces observations; mais le tr
vail y a la plus grande part. Voyez c
champs, ils sont fertiles; le même te
rain produit trois moissons; tout e
couvert; arbres et grains, tout est serr
La main de l'homme a retourné cet
terre avec la bêche; la charrue est i
connue ici. Les enfans entreprenne

de bonne heure des travaux au-dessus de leurs forces; c'est-là qu'ils se forment et s'enlaidissent : d'ailleurs, ajouta-t-il en souriant, ils n'ont jamais attaché un grand prix à la beauté : à quoi leur servirait-elle ? »

« Il me reste à vous dire un mot du caractère des Salenciens. Ils ne connaissent pas la joie tumultueuse du peuple ; ils sont paisibles ; ils s'interdisent dès l'enfance tous les mouvemens des passions vives ; puisqu'une faute, un emportement, les prive de l'honneur d'être nommés garçons de la rosière. Il ne se portent point à des excès, parce que ce serait une tache que quatre générations ne pourraient effacer. Ils n'abandonnent point leur cœur aux émotions de la tendresse : quelle Salencienne oserait répondre à leurs soupirs ? Le chapeau de roses vaut mieux que l'amour. Voilà la cause de la gaieté calme et réfléchie des Salenciens. »

Apprenez à cette heure, Clara, par le récit d'une autre personne, quelle était la simplicité et en même temps la pureté de cœur des rosières elles-mêmes de ce lieu enchanté. Cette personne, dans le moment où je m'empare d'elle, était dans la chaumière d'une jeune fille désignée pour recevoir la chaste couronne. « Tout en parlant, dit-elle, j'examinais le lit de sa défunte mère et le sien : ils étaient de paille. Comment, lui ai-je dit, pouvez-vous dormir sur ces lits? — Ce n'était pas le lit qui empêchait ma mère de dormir, c'était les douleurs. — Et vous? — Oh! moi, ce n'était pas le lit non plus, puisque je dormais bien sur une chaise. C'est qu'il fallait être toujours sur pied auprès de ma mère, et cela pendant sept ans! — Dans les derniers temps, quand il lui empira pour mourir, j'ai été vingt-huit jours sans me déshabiller, et puis elle est morte. — Votre mère souffrait donc beaucoup ? — Oh ! monsieur, si vous saviez !.... M. Rebet, médecin, qui est venu la voir, disait en s'en allant : Oh ! la pauvre femme ! elle souffre mille morts dans un jour. — Etait-elle patiente dans ses souffrances ? — Cela ne se pouvait pas. — Et vous étiez, vous, patiente avec elle ? — Je ne l'ai pas toujours été. Un jour qu'elle déchirait sa couverture et ses habits en criant, je lui dis : « Si vous continuez, je m'en irai. » Elle continuait toujours, et moi je descendis jusqu'à la moitié de l'escalier. Je m'en suis repentie bien des fois ; je m'en repends toujours. — Et vous ne la quittâtes plus ? — Non, si ce n'est pour aller à la messe les dimanches. — A la messe et aux vêpres ? — Aux vêpres, je n'y allais pas, je n'allais qu'à la messe devant le jour. — Vous n'alliez point aux autres offices ? — Non, je les entendais sonner ; je voyais par la fenêtre ceux qui s'y en allaient. Je me disais :

Ils sont bien heureux, ceux-là ! mais je savais bien qu'il ne fallait pas y aller. » En disant cela, Marie-Anne pleurait. — « Ne pleurez point, bonne fille, je ne vous parlerai plus de votre mère. Parlons de vous : outre les honneurs que l'on vous destine, j'ai des secours à vous offrir. Par où commencerons-nous? Voyons ce qui vous est le plus nécessaire. Il faut d'abord vous faire habiller de blanc, des souliers au lieu de vos sabots, et le reste : cela ne sera pas long. Ensuite voyons ce qui vous manque. — Je n'ai besoin de rien. — Au moins vous avez besoin de serviettes, car je vois votre pain à nu sur une table ; il est tout gercé : il faut des serviettes pour l'envelopper. — J'en ai, des serviettes ; j'en ai deux, c'est qu'elles sont à la lessive. — Vous n'avez donc pas besoin de serviettes ; mais vous avez besoin d'autres choses ; et moi j'ai de l'argent qu'il faut que j'emploie pour vous. — Bien obligée. — Mais il est à vous, cet argent. — Eh bien! monsieur, si vous voulez me rendre heureuse... — Sûrement; que faut-il faire? — Entretenez-moi d'ouvrage. — Et combien gagnez-vous par jour? — Trois sous. — Je vous entretiendrai d'ouvrage, et vous paiera mieux. Mais dites-moi, comment faisiez-vous pour nourrir votre mère avec trois sous par jour? — C'était ce qu'il fallait pour lui acheter du lait, car elle ne prenait que du lait. — Mais vous? — Ma sœur m'aidait; elle me donnait 17 livres pour payer la chambre, et puis 8 livres pour avoir du blé. — Combien gagne votre sœur dans sa condition? — Quarante livres. — Elle vous en donne 25, il lui en reste 15.... Mais elle mérite bien quelque chose aussi, votre sœur; il faut qu'elle assiste à votre couronnement, et que je l'habille. Allons la chercher. »

« Nous partons; nous prenons la sœur

en passant, et tous ensemble nous allons lever des étoffes et de la toile de coton pour vêtir la future rosière ; je vois qu'elle tâte une étoffe brune ; je lui dis : Est-ce que vous aimeriez mieux cette étoffe-là, Marie-Anne? — Oui, monsieur, parce qu'elle est moins salissante, et plus chaude pour l'hiver Je fais lever un second habit de cette étoffe, et Marie-Anne reste toute rouge et toute confuse de ce qu'elle appelle ma bonté. Je déclare à la sœur servante qu'elle ne paiera point cette année les 17 liv. pour la chambre, que ce sera moi ; et la sœur ne sait comment exprimer sa reconnaissence : elle n'était cependant pas à son comble, cette gratitude de ces bonnes filles. Quand tout est acheté, je dis à la rosière : voilà toutes les dépenses faites ; mais j'ai encore de l'argent, que voulez-vous que j'en fasse ? — Je n'ai plus besoin de rien. (Elle avait l'air embarrassé.) — Vous n'avez plus besoin de rien, à la bonne heure; mais cet argent vous était destiné, il est à vous, il faut que je vous le donne. — A moi! — Oui, oui, à vous. — Y en a-t-il beaucoup? — Pas mal. — Eh! monsieur, voulez-vous me faire un grand plaisir et me tirer d'une grande peine? — Volontiers, que faut-il faire? — Mon père est mort il y a vingt ans; il a laissé des dettes; payez les dettes de mon père. Quelle fut mon admiration à ces derniers mots! la fille ne s'en aperçut point, car elle s'était détournée en baissant les yeux: elle était restée immobile comme quelqu'un qui attend son jugement. Cet intervalle me donna le temps de me remettre; je pris sur moi de lui dire: « Votre père « est mort il y a vingt ans, vous n'avez « pas hérité de lui; oubliez ses dettes, « elles ne vous regardent pas ». Ah! si fait, monsieur, depuis que nous l'avons perdu, je me suis toujours promis que, si je le pouvais, je paierais ses dettes;

ma pauvre mère me l'a fait encore promettre en mourant. Payez les dettes de mon père. — Que vous me faites plaisir, excellente fille ! oui, je les paierai, donnez-m'en l'état.

« Un ecclésiastique s'est chargé de l'état des dettes. La mémoire des deux filles a été le registre ; elles avaient grand peur de rien oublier. »

Clara, il n'est question là que d'une pauvre paysane et d'une servante ; mais combien elles doivent vous paraître l'une et l'autre véritablement grandes ! Les distinctions des rangs ont leur utilité, et quand elles sont bien établies par les lois ou par les circonstances, elles contribuent jusqu'à un certain point à soutenir la société civile, et à en bannir la confusion et le tumulte ; mais pour les rapports particuliers des individus entre eux, elles disparaissent toutes devant la vertu, qui en est elle-même la base et l'origine.

Ne repoussons donc point un bon exemple, parce qu'il nous vient d'un être condamné, par le caprice de la fortune, à la pauvreté, ou même à la servitude, et qu'il nous soit seulement une raison pour traiter avec humanité les égaux de cet infortuné, jusqu'à ce qu'ils s'en soient montrés indignes par leur conduite. Cette classe d'hommes qui se consacre à nous servir, a prouvé qu'elle était aussi capable de traits d'héroïsme, et elle l'a prouvé au profit de quelques-uns d'entre nous. Souvenez-vous-en, ma nièce, toutes les fois qu'emportée par un moment d'humeur, ainsi que j'en ai été témoin, vous vous sentirez tentée d'humilier ou de punir injustement vos domestiques.

Le roi d'Angleterre Jacques II fut contraint d'abandonner son royaume; il vint se réfugier en France, et Louis XIV lui donna un asile à Saint-Germain. Quelques sujets fidèles avaient suivi le monarque anglais, et s'établirent aussi dans cette petite ville. Madame *de Varonne*, dont je vais conter l'histoire, était Irlandaise, et du nombre de ceux qui avaient accompagné Jacques II dans sa fuite. Tant que son mari vécut, madame *de Varonne* fut dans l'aisance; mais à sa mort, elle se trouva sans protection, sans parens. Elle n'eut pas assez de crédit pour obtenir de la cour une partie de la pension qui avait fait subsister son mari. Cependant elle avait écrit au ministre, et fait remettre plusieurs placets. On lui avait répondu qu'on mettrait sa demande sous les yeux du roi, et pendant deux ans elle conserva des espérances. Au bout de ce terme, ayant renouvelé ses demandes, elle reçut un refus positif si formel, qu'il ne lui fut plus possible de s'aveugler sur son sort. Sa situation était déplorable : depuis deux ans, elle avait été obligée de vendre successivement, pour vivre, son argenterie et une partie de ses meubles; il ne lui restait aucune espèce de ressource. Son goût pour la solitude, sa piété et sa mauvaise santé l'avaient toujours tenue loin du monde, et surtout depuis son veuvage qu'elle y avait entièrement renoncé. Madame *de Varonne* était donc sans amis, sans espérance, dénuée de tout, plongée enfin dans la plus affreuse misère; et pour comble de maux, elle avait cinquante ans. Dans cette extrémité, elle eut recours au véritable Dispensateur des consolations et des graces, à celui qui pouvait changer son sort, ou lui donner le courage d'en supporter patiemment la rigueur. Madame *de Varonne* se jeta à genoux et pria avec confiance. Bientôt fortifiée, élevée au-dessus d'elle-même, cette pieuse dame sentit le calme renaître dans son ame. Elle envisagea d'un œil ferme tout ce que son état avait d'affreux. « Eh bien! dit-elle, puisqu'il faut toujours la perdre, cette existence fragile, qu'importe qu'elle soit anéantie par le dernier terme de la misère ou par une maladie ? Qu'importe de mourir sous un dais ou sur de la paille ? ma mort en sera-t-elle plus douloureuse parce que je n'aurai rien à regretter sur la terre? Non, sans doute; au contraire, je n'aurai besoin ni d'exhortations, ni de courage; je n'aurai point de sacrifice à faire. Abandonnée de l'univers entier, je ne songerai qu'à celui qui régit l'univers; je le verrai prêt à me recevoir, à me récompenser, et j'attendrai la mort comme le plus précieux de ses bienfaits. »

Comme madame *de Varonne* réfléchissait sur sa destinée, *Ambroise*, son laquais, entra dans sa chambre. Il est nécessaire de faire connaître cet *Ambroise*; ainsi je vais le dépeindre. *Ambroise* avait alors quarante ans, et depuis vingt années il servait madame *de Varonne*. *Ambroise* ne savait ni lire ni écrire ; il était naturellement brusque, taciturne, grondeur ; il avait toujours eu l'air de mépriser ses camarades et de bouder ses maîtres ; sa mine constamment réfrognée, et son ton rempli d'humeur, rendaient son service peu agréable. Cependant son exactitude, sa bonne conduite et sa parfaite fidélité l'avaient fait regarder dans tous les temps comme un excellent sujet et un domestique précieux ; mais on ne lui connaissait que des qualités esssentielles, et Ambroise possédait des vertus sublimes ; sous un extérieur grossier, cet homme cachait l'ame la plus sensible, la plus élevée.

Quelques temps après la mort de son mari, madame *de Varonne* avait renvoyé les gens qui le servaient, et n'avait gardé qu'une cuisinière, une servante et *Ambroise*. Enfin le temps était arrivé qu'il fallait encore congédier ces trois domestiques. *Ambroise*, comme je vous le disais, entra dans la chambre de sa maîtresse. On était en hiver ; il tenait une bûche et allait la mettre au feu lorsque madame de Varonne lui dit : « Ecoutez, *Ambroise*, il faut que je vous parle ». Le ton ému avec lequel madame *de Varonne* prononce ces mots frappe *Ambroise ;* il pose vite sa bûche sur le plancher, se relève et regarde sa maîtresse, en disant : « Mon Dieu, madame, qu'est-ce qu'il y a ? — *Ambroise*, savez-vous ce que je dois à la cuisinière ? — Vous ne lui devez rien, madame, ni à moi, ni à Marie, vous avez payé le mois hier — Ah ! tant mieux, je ne m'en souvenais pas. Eh bien ! *Ambroise*, il faut que vous disiez à la cuisinière et à Marie que je n'ai plus besoin de leur service.... et vous-même, mon cher *Ambroise*, il faut que vous cherchiez une autre condition. — Une autre condition, qu'est-ce c'est que çà ? non, je mourrai en vous servant ; non, madame, je ne vous quitterai point, quelque chose qu'il arrive... — *Ambroise*, vous ne connaissez point ma situation. — Madame, vous ne connaissez pas *Ambroise!*... Eh bien! si on vous retient tant de votre pension que vous n'ayez pas le moyen de payer vos gens, renvoyez les autres, à la bonne heure; mais, moi, je ne mérite pas que vous me chassiez avec eux : je n'ai point l'ame mercenaire, madame... — Mais, *Ambroise*, je suis totalement ruinée; j'ai vendu tout ce que je possédais, et on m'ôte ma pension... — Çà n'est pas vrai, çà ne se peut pas. — Rien n'est plus certain, cependant. — Ah, bon Dieu! — Il faut respecter, adorer les décrets de la Providence, s'y soumettre sans murmure. *Ambroise*, j'éprouve une grande consolation dans mon malheur, c'est de me sentir parfaitement résignée. Hélas! tant d'autres sur la terre, tant de familles vertueuses se trouvent dans la situation où je suis!...

moi, du moins, je n'ai point d'enfans
je souffrirai seule, c'est peu souffrir. .
Non ! non ! s'écria *Ambroise* d'une voi
entrecoupée, vous ne souffrirez pas ! j'a
des bras, je sais travailler. — Ah ! mo
cher *Ambroise*, interromp madame d
Varonne attendrie, je n'ai jamais dou
de votre attachement. . . . je n'en ab
serai pas. Voici cependant ce que j'e
attends, c'est que vous alliez me lou
une petite chambre à un cinquièn
étage : j'ai encore quelque argent q
pourra me suffire pour deux ou tro
mois ; je travaillerai, je ferai du fil
Cherchez-moi dans Saint-Germain que
ques pratiques ; voilà tout ce que
vous demande, et tout ce que vo
pourrez faire pour moi ». Pendant c
discours, *Ambroise,* debout vis-à-vis d
sa maîtresse, la considérait en silenc
et lorsqu'elle eut fini, il tomba à s
pieds : « Ah ! ma respectable maîtress
s'écria-t-il, recevez le serment du pa

vre *Ambroise*, qui s'engage à vous servir jusqu'à la fin de sa vie.... et de meilleur cœur, avec plus de respect et d'obéissance qu'il n'a jamais fait! Il y a vingt ans que vous me nourrissez, que vous m'habillez, que vous me faites vivre, et que vous me rendez la vie heureuse : j'ai bien souvent mésusé de votre bonté et de votre patience. Ah! madame, pardonnez-moi les fautes que mon mauvais caractère m'a fait commettre envers vous; je ne demande au bon Dieu des jours que pour cela. » En achevant ces mots, *Ambroise*, baigné de larmes, se releva et sortit précipitamment sans attendre de réponse.

On juge facilement de quelle vive et profonde reconnaissance cet entretien dut pénétrer madame *de Varonne*. Elle éprouvait qu'il n'est point de maux dont ce sentiment si doux ne puisse diminuer l'amertume. Au bout de quelques minutes, *Ambroise* revint; il tenait un pe-

tit sac de peau, et le posant sur la ch
minée : « Grace à Dieu, dit-il, grace
vous, madame, et à défunt monsieu
il y a là-dedans trente louis : cet arge
vient de vous, et il vous appartient...
— *Ambroise*, le fruit de vos épargn
pendant vingt ans ! ô ciel ! — Quan
vous aviez de l'argent vous m'en do
niez ; quand vous n'en avez plus je vo
le rends : l'argent n'est bon qu'à cela.
sais bien que cette petite somme n'
pas capable de faire sortir madan
d'embarras ; mais voici comment
compte m'arranger : il faut que madar
se souvienne que je suis fils d'un cha
dronnier, et que je n'ai pas oublié m
premier métier ; car, dans mes mome
perdus et quelquefois quand madar
me donnait la permission de sorti
j'allais chez *Nicault*, un de mes ami
qui est chaudronnier, et par amuseme
je lui demandais de l'ouvrage. Eh bie
je travaillerai à présent sérieusement,

avec quel courage !.... — Ah ! c'en est trop, s'écria madame *de Varonne*; vertueux *Ambroise*, dans quel état indigne de vous le sort vous a placé ! — J'en suis content, reprit *Ambroise*, si madame peut s'accoutumer à son changement de situation. — *Ambroise*, votre attachement doit me consoler de tout ; mais comment supporterai-je de vous voir souffrir pour moi ?..... — Souffrir en travaillant, quand ce travail vous sera utile ! non, madame, pour moi je serai très-heureux. Dès demain je me mets à l'ouvrage. *Nicault*, qui est un brave homme, ne m'en laissera pas manquer ; il est accrédité dans Saint-Germain, il a justement besoin d'un bon compagnon ; je suis fort, je ferai bien l'ouvrage de deux, et tout ira bien ». Madame *de Varonne* ne trouvant plus d'expressions capables de peindre ce qu'elle éprouvait, levait les yeux au ciel, et ne répondait que par ses pleurs.

Cependant le lendemain la cuisinière et la servante furent congédiées. *Ambroise* loua dans Saint-Germain une petite chambre, bien propre et bien claire, à un troisième étage ; il la meubla du peu de meubles qui restaient à sa maîtresse. Il y conduisit madame *de Varonne ;* elle y trouva un bon lit, un grand fauteuil bien commode, une petite table, avec une écritoire et du papier, au-dessus de laquelle était rangés ses livres sur cinq ou six planches, et une grande armoire qui contenait son linge, ses robes, et une provision de fil pour travailler ; un couvert d'argent (car *Ambroise* ne voulait pas que madame *de Varonne* mangeât dans l'étain), et la bourse de peau que renfermait les trente louis dans un coin de l'alcove. Derrière un rideau était cachée la petite vaisselle de terre qui devait faire la cuisine de madame *de Varonne*: « Voilà, dit *Ambroise*, tout ce que j'ai pu trouver de mieux pour le prix que madame voulait mettre à son loyer. Il n'y a qu'une chambre, mais la servante couchera sur un matelas qui est roulé sous le lit de madame.... — Comment, la servante ! interrompit madame *de Varonne*. — Pardi ! madame peut-elle se passer d'une servante pour faire son pot au feu, ses commissions, pour la déshabiller? — Mais, mon cher *Ambroise!* — Oh ! cette servante-là ne vous coûtera pas cher ; c'est un enfant de treize ans ; vous ne lui donnerez pas de gages ; et elle vivra des restes de madame. Pour ce qui est de moi, j'ai fait un arrangement avec *Nicault;* je lui ai dit que j'avais été compris dans la réforme que madame a été forcée de faire : j'ai ajouté que j'étais dans le besoin, et que je ne demandais pas mieux que de travailler. *Nicault*, qui est riche, et qui est un brave homme et mon pays, me couchera chez lui; c'est à deux pas d'ici ; il me nourrira et me donnera vingt sous par jour. Madame pourra vivre tout doucement, d'autant qu'elle a quelques provisions et un peu d'argent comptant. Je n'ai pas voulu dire tout cela devant la petite *Suzanne*, votre servante ; à présent, je vais la chercher ». En achevant ces mots, *Ambroise* sortit et revint un moment après, tenant par la main une jolie petite fille, qu'il présenta à madame *de Varonne* en lui disant : « Voilà la jeune fille dont j'ai eu l'honneur de parler à madame. Son père et sa mère sont pauvres, mais laborieux ; ils ont six enfans, et madame fera une très-bonne action en prenant celle-ci à son service. Après ce préambule, *Ambroise*, d'un ton sévère, exhorta *Suzanne* à se bien conduire ; ensuite il prit congé de madame *de Varonne* et s'en fut chez son ami *Nicault*.

Qui pourrait rendre compte de tout

ce qui se passait au fond de l'ame de madame *de Varonne?*..... Non-seulement de tels procédés la pénétraient de reconnaissance et d'admiration; mais le changement subit qu'elle remarquait dans les manières et dans l'humeur d'*Ambroise* ne l'étonnait pas moins : cet homme, qu'elle avait vu si brusque, si grossier, ne paraissait plus le même homme; depuis qu'il était devenu son bienfaiteur, il n'était pas reconnaissable : il joignait les égards aux procédés, la délicatesse à l'héroïsme, et son cœur lui avait appris en un moment tout ce qu'on doit de respect et de ménagemens aux infortunés. *Ambroise* sentait combien sont sacrées les obligations que nous imposent nos propres bienfaits; il sentait qu'on n'est pas véritablement généreux quand on humilie ou seulement quand on embarrasse le malheureux que l'on secourt..... Le lendemain du jour où madame *de Varonne* prit possession de son nouveau domicile, elle ne vit pas *Ambroise* dans le cours de la journée, parce qu'il travaillait; mais il vint le soir un moment. Il pria madame *de Varonne* de donner une commission à *Suzanne*, et quand il se trouva seul avec sa maîtresse, il posa sur la table les vingt sous enveloppés dans du papier, en disant : « Voilà ma journée ». Alors, sans attendre de réponse, il fit appeler *Suzanne*, et retourna chez *Nicault*. Après un pareil emploi de sa journée, que le sommeil doit être paisible, et que le réveil doit être doux! Par la satisfaction intérieure que nous éprouvons quand nous avons bien fait, jugeons du bonheur inexprimable que peut nous procurer une action héroïque.....

Fidèle aux devoirs sublimes qu'il s'était imposés, *Ambroise* venait tous les jours faire une visite à madame *de Varonne*; il lui apportait le fruit de son travail. Cet honnête homme ne se réservait, au bout de chaque mois, que l'argent nécessaire pour payer son blanchissage et quelques bouteilles de bierre, bues les dimanches et les fêtes; encore ne retenait-il pas cette légère somme, mais il la demandait à sa maîtresse, et la recevait comme un don. En vain madame *de Varonne*, sensiblement affligée de dépouiller ainsi le généreux *Ambroise*, voulut lui persuader qu'elle pouvait vivre en lui coûtant moins: *Ambroise* alors, ou ne l'écoutait pas, ou paraissait l'entendre avec tant de peine, qu'elle était bientôt forcée de se taire.

Dans l'espoir d'engager *Ambroise* à se procurer un plus peu d'aisance, madame *de Varonne*, de son côté, travaillait presque sans relâche; elle faisait du filet. *Suzanne* l'aidait dans cette occupation, et allait vendre son ouvrage; mais quand madame *de Varonne* exagérait à *Ambroise* le profit qu'elle retirait de ce petit commerce, il répondait simplement : *Tant mieux*, et sur-le-champ parlait d'autre chose. Le temps n'apporta nul changement dans sa conduite ; et durant quatre ans entiers, on ne le vit jamais se démentir un seul instant. Enfin le moment approchait où madame *de Varonne* devait ressentir le chagrin le plus cruel et le plus déchirant pour son cœur. Un soir, qu'elle attendait *Ambroise* comme à l'ordinaire, elle vit entrer dans sa chambre la servante de *Nicault*, qui venait lui dire qu'*Ambroise* était malade, et qu'il avait été forcé de se mettre au lit. A cette nouvelle, madame *de Varonne* pria la servante de la conduire sur-le-champ chez *Nicault* ; en même temps elle ordonna à *Suzanne* d'aller chercher le médecin. En arrivant chez *Nicault*, madame *de Varonne* surprit étrangement cet homme, qui ne l'avait jamais vue. Elle lui dit qu'elle voulait aller dans la chambre d'*Ambroise*. « Mais, madame, reprit *Nicault*, c'est impossible. — Comment? — Il faut monter à une échelle pour arriver à ce grenier..... — Une échelle! ah! pauvre *Ambroise!* Conduisez-moi! — Mais, madame, encore une fois, vous risquerez de vous rompre le cou, et puis vous ne pourrez vous tenir debout chez *Ambroise* : il est niché dans un vilain trou ». A ces mots, madame *de Varonne* ne put retenir ses pleurs. Elle pria *Nicault* de la guider. Il la mena auprès d'une petite échelle, qu'elle eut bien de la peine à monter, et qui la conduisit dans le coin d'un triste grenier, où elle trouva *Ambroise* couché sur une paillasse. « Ah! mon cher *Ambroise*, s'écria-t-elle en le voyant, dans quel état je vous trouve! Et vous disiez que votre logement vous plaisait; que vous étiez parfaitement bien!.... » *Ambroise* n'était plus en état de répondre à madame *de Varonne*; depuis près d'une heure il n'avait plus sa tête. Madame *de Varonne* s'en apercevant bientôt, se livra à la plus juste douleur. Alors *Suzanne* amena un médecin. Cet homme, en entrant dans le galetas d'*Ambroise*, fut bien surpris de voir, auprès de la paillasse d'un garçon chaudronnier, une dame décemment mise, dont l'air noble annonçait la naissance, et qui paraissait accablée de douleur. S'étant approché du malade, il l'examine attentivement, et dit qu'on l'avait appelé trop tard. Jugez de l'état de madame *de Varonne* lorsqu'elle entendit prononcer ce funeste arrêt! « Aussi, dit *Nicault*, c'est sa faute, à ce pauvre *Ambroise* : il y a plus de huit jours qu'il est malade, et que je voulais l'empêcher de travailler; mais il allait toujours;.... il ne s'est alité que ce matin, encore avec bien de la peine. Pour entrer chez nous il s'était chargé de plus d'ouvrage qu'il n'en pouvait faire ; il s'est tué à force de travail ». Chaque parole que prononçait *Nicault* était un trait mortel pour la malheureuse madame *de Varonne*. Elle s'avança vers le médecin, et, baignée de larmes, les mains jointes, elle le conjura de ne pas abandonner *Ambroise*. Le médecin avait de l'humanité ; d'ailleurs, tout ce qu'il voyait l'intéressait vivement, et lui donnait le désir de s'instruire de ce qui regardait ces deux singulières personnes. Il s'engagea donc facilement à passer une partie de la nuit auprès d'*Ambroise*. Madame *de Varonne* envoya chercher chez elle des matelas, des couvertures, du linge ; elle voulut faire avec *Suzanne* un lit pour *Ambroise*, dans lequel le médecin et *Nicault* le posèrent doucement. Ensuite madame *de Varonne* se jeta sur une escabelle de bois et donna un libre cours à ses larmes. Sur les quatre heures du matin, le médecin se retira, après avoir fait saigner le malade, et promis de revenir quelques heures plus tard. On s'imagine bien que madame *de Varonne* ne quitta pas *Ambroise* un moment. Cette dame passa quarante huit heures au chevet de son ami, sans recevoir du médecin la plus légère espérance. Enfin, le troisième jour, le médecin dit qu'il croyait apercevoir du mieux; le soir de ce même jour, il déclara qu'*Ambroise* était hors de danger.

Je ne vous peindrai pas la joie, les transports de madame *de Varonne* à cette bonne nouvelle : elle voulait encore veiller la nuit suivante; mais *Ambroise*, qui avait repris connaissance, ne voulut jamais y consentir. Madame *de Varonne* retourna chez elle accablée de fatigues. Le lendemain le médecin fut la voir; il lui témoigna tant d'intérêt, lui-même avait inspiré à madame *de Varonne* tant de reconnaissance pour tous les soins qu'il avait prodigués à *Ambroise*, que cette dame ne put se refuser à répondre à plusieurs questions qui paraissaient naître d'un sentiment louable. Madame *de Varonne* lui conta son histoire. Trois jours après cette confidence, le médecin, qui n'habitait pas ordinairement Saint-Germain, fut obligé de retourner à Paris; il partit précipitamment, laissant madame *de Varonne* en bonne santé et *Ambroise* convalescent.

Cependant madame *de Varonne* se trouvait dans une situation aussi pressante que malheureuse : en huit jours elle avait dépensé pour *Ambroise* le peu d'argent qu'elle possédait. Elle en avait encore assez pour vivre quatre ou cinq jours; mais à cette époque *Ambroise* ne serait pas en état de se mettre à l'ouvrage. Elle frémissait en songeant que la nécessité le contraindrait à travailler, au risque de tomber malade. Ce fut alors que madame *de Varonne* sentit l'horreur de sa situation. Elle se reprocha amèrement d'avoir accepté les secours du généreux *Ambroise*. « Sans moi, disait-elle, il serait heureux : son travail aurait pu lui procurer une honnête subsistance ; son attachement pour moi lui a ravi sa tranquillité, son bonheur..... et va peut-être lui coûter la vie..... et moi je mourrai sans m'acquitter..... m'acquitter !.... Hélas ! quand il me serait possible de disposer à mon gré des événemens, pourrais-je m'acquitter jamais ?... Dieu seul la saura payer, cette dette sacrée ; Dieu seul peut récompenser dignement cette vertu sublime » ! Voici maintenant la part du ciel, et celle de la reconnaissance.

Un soir que madame *de Varonne* était profondément absorbée dans ses douloureuses réflexions, *Suzanne*, tout essoufflée, entre dans sa chambre, en lui disant qu'une belle dame demandait à la voir....— Elle se trompe sûrement. — Non, je l'ai vue, la belle dame; elle a dit comme çà : Madame *de Varonne*, qui demeure ici chez M. David, au troisième étage sur la cour. Elle disait cela dans sa voiture avec six beaux chevaux ; moi, j'étais sur le pas de la porte. Madame, ai-je fait, c'est ici. La dame m'a répondu : Voulez-vous bien aller dire à madame *de Varonne* que je lui demande en grace un moment d'entretien ? Là-dessus j'ai pris mes jambes à mon cou.... » Comme *Suzanne* achevait ces mots, madame *de Varonne* entendit frapper doucement à la porte : elle se leva avec une certaine émotion, et fut ouvrir ; elle vit entrer en effet une dame parfaitement belle, qui s'avança d'un air timide et attendri. Madame *de Varonne* renvoya *Suzanne*. Lorsqu'elle se trouva seule avec l'inconnue, cette dernière prenant la parole : « Je suis charmée, madame, lui dit-elle, de vous annoncer que le roi vient d'être informé de votre situation, et que sa bonté le porte à réparer envers vous les injustices de la fortune..... — O *Ambroise !* s'écria madame *de Varonne*, en joignant les mains et les élevant vers le ciel avec toute l'expression de la joie et de la reconnaissance la plus vive!... A cette exclamation, l'inconnue ne pu retenir ses pleurs : elle s'approcha de madame *de Varonne*, et lui prenan affectueusement les mains : « Venez madame, lui dit-elle, venez dans l nouveau logement qui vous est prépar — Ah ! madame, interrompit madam *de Varonne*, comment pourrai-je ex primer....? Mais si j'osais.... je vous de manderais la permission..... Madame j'ai un bienfaiteur, daignez souffr qu'avant tout, j'aille l'instruire..... — J vais vous laisser en liberté, reprit l'ir connue; dans la crainte de vous gêner, je ne vous accompagnerai point à votre maison : j'irai de mon côté; mais je vais vous conduire à votre voiture qui vous attend à la porte..... — Ma voiture !..... — Oui, madame, ne perdons pas de temps, venez. En disant ces mots, l'inconnue, donnant le bras à madame *de Varonne*, qui pouvait à peine se soutenir sur ses jambes, sortit avec elle, descendit l'escalier. Arrivée près de la porte, l'inconnue dit à un laquais qui l'attendait : « Appelez les gens de madame *de Varonne* ». Cette dernière croyait rêver. Son étonnement s'accrut encore en voyant un laquais, vêtu de gris, faire approcher une voiture simple et commode, et dire ensuite : « Voilà la voiture de madame ». Alors la dame inconnue ordonnant d'ouvrir la portière du carrosse y fit entrer madame *de Varonne*, et la quitta pour aller rejoindre sa voiture. Le nouveau laquais de madame *de Varonne* lui demanda ses ordres ; il fut prié bien poliment, et avec une voix tremblante, de prendre le chemin qui conduisait chez M. *Nicault* le chaudronnier. Vous concevez la vive émotion et le battement de cœur que la vue de cette maison put causer à madame *de Varonne*.... Elle tire le cordon, on arrête : elle ouvre elle-même la portière, et s'appuyant sur l'épaule de son laquais, elle entre dans la boutique de *Nicault*. Le premier objet qu'elle aperçoit, c'est *Ambroise* lui-même, dans ses habits d'ouvrier ; *Ambroise*, à peine convalescent, mais qui, malgré sa faiblesse, avait voulu essayer de se mettre à l'ouvrage..... Madame *de Varonne*, en le voyant travailler, éprouva un attendrissement d'une douceur inexprimable : il travaillait pour elle, et elle allait l'arracher pour jamais à ces travaux pénibles, à la misère, à la fatigue !....

Madame *de Varonne* goûtait alors dans tout sa pureté le bonheur que la reconnaissance la plus profonde et la mieux fondée peut procurer aux belles ames. « O mon cher *Ambroise!* s'écria-t-elle avec transport; vous ne le reprendrez plus ce dur travail, votre sort est changé..... Venez, ne différez pas davantage..... » *Ambroise*, frappé d'étonnement, demande en vain des explications; en vain il veut du moins obtenir le temps nécessaire pour s'habiller et se revêtir de son habit des dimanches; madame *de Varonne* n'est en état ni de l'écouter ni de lui répondre : elle saisit son bras, l'entraîne, sort avec lui, et le force de monter en voiture. Alors son laquais dit : « Madame veut-elle aller dans sa nouvelle maison » ? Madame *de Varonne* tressaillant à ces mots : « Oui, répond-elle en regardant *Ambroise*, menez-nous dans notre maison. »

Pendant le chemin, madame *de Varonne* instruisit *Ambroise* de la visite de la dame inconnue. *Ambroise* l'écoutait avec une joie mêlée de crainte et de doute ; il osait à peine compter sur un bonheur si extraordinaire et si inespéré. Enfin la voiture s'arrête à la porte d'une jolie petite maison dans la forêt de S.-Germain. Madame *de Varonne* et *Ambroise* descendent ; ils entrent dans un salon, et trouvent la dame inconnue qui les attendait. Elle s'avance vers madame *de Varonne*, et lui présentant un papier : « Voilà, madame, lui dit-elle, ce que le roi m'a chargé de vous remettre ; c'est le brevet d'une pension de dix milles livres, et il vous laisse encore la liberté d'assurer la moitié de cette pension à la personne que vous voudrez désigner. — Ah ! quel bienfait ! s'écria madame *de Varonne* ! la voilà, madame, cette personne ; voilà l'homme vertueux et sublime, véritablement digne de votre protection et des graces de son souverain ! .... » A ces mots *Ambroise*, qui jusque-là s'était tenu caché derrière sa maitresse, sentit augmenter son embarras : il fit quelques pas en arrière, d'un air honteux, en ôtant son bonnet ; et malgré l'excès de sa joie, il éprouvait une confusion pénible en s'entendant louer de la sorte. D'ailleurs il était fâché de paraître devant la dame, à cette première entrevue, sans perruque, avec son tablier de cuir et sa veste sale ; il regrettait un peu son habit des dimanches.... L'inconnue s'approcha de lui. « Arrêtez *Ambroise*, laissez-moi vous regarder un moment. — Mon Dieu, madame, reprit *Ambroise* en baissant la tête et en tournant son bonnet, je n'ai rien fait que de bien naturel ; il n'y a pas de quoi s'étonner..... » Ici madame *de Varonne* l'interrompit pour détailler avec autant de chaleur que de rapidité tout ce qu'elle devait à *Ambroise*. Après ce récit, l'inconnue, vivement attendrie, soupira, et levant les yeux au ciel : « Enfin dit-elle, après avoir vu tant d'ingrats, je goûte donc le plaisir de trouver deux cœurs véritablement sensibles et reconnaissans! Adieu, madame, continua-t-elle ; cette maison et tous les meubles qu'elle contient vous appartiennent, et vous allez toucher dans un moment le premier quartier de votre pension ». En achevant ces paroles, l'inconnue fit quelques pas vers la porte. Madame *de Varonne* courut à elle, le visage baigné de larmes, et se précipita à ses genoux. L'inconnue la releva, l'embrassa affectueusement, et sortit. A peine cette dame était dehors, que la porte s'ouvrit, et l'on vit entrer le médecin qui avait sauvé *Ambroise*.

En le voyant, madame *de Varonne* devina facilement qu'il était pour quelque chose dans l'événement qui changeait leur sort. Il lui apprit que la dame inconnue se nommait madame de *P*** ; qu'elle habitait toujours Versailles, où elle avait beaucoup de crédit. Depuis deux ans, ajouta-t-il, je suis son médecin : je connais sa bienfaisance ; j'étais certain de l'intéresser vivement en lui contant votre histoire. En effet, lorsqu'elle en a su les détails, elle a acquis cette maison, et a obtenu du roi le brevet qu'elle vous a remis.

Un laquais vint dire à madame *de Varonne* qu'elle était servie. Elle retint le médecin à souper, et s'appuyant sur le bras d'*Ambroise*, cette dame passa dans la salle à manger. On avait mis trois couverts. *Ambroise*, invité de s'asseoir, s'en défendit, en disant à madame *de Varonne* qu'il n'était pas fait pour manger avec elle. Eh quoi ! lui dit cette dame, *Ambroise*, mon bienfaiteur, mon ami, n'est-il pas mon égal ? Le modeste et généreux *Ambroise* obéit ;

et madame *de Varonne*, placée entre lui et le médecin, goûta, dans cette heureuse soirée, le plaisir pur et délicieux d'un cœur tendre, à qui la reconnaissance fait connaître dans toute son étendue, le bonheur inexprimable d'un sentiment si vertueux et si doux.

Il n'est pas nécessaire d'appuyer sur les égards de madame *de Varonne* pour *Ambroise*; ils furent infinis. Cette dame partagea avec son ami tout ce qu'elle possédait; et jamais elle ne vit d'argent sans se rappeler, avec un profond attendrissement, ces mots du fidèle *Ambroise* lui donnant ses vingt sous : *Voilà ma journée.*

On attribue à un artisan une action qui n'est pas moins belle.

La comtesse de S..., ruinée par une procédure, vint à manquer du nécessaire. Cette dame, jadis dans l'abondance, supportait l'indigence avec un courage héroïque. Dans cette situation pénible, il est encore des momens plus fâcheux, des instans qui, sans religion, meneraient au désespoir..... Dans une de ces crises du sort, le cordonnier de la comtesse se présenta pour lui demander de l'argent. Sur son refus, l'artisan témoigna un peu d'humeur. — Je vous dois, mon ami : je voudrais vous payer; croyez que je sens tout le désagrément attaché au personnage de débiteur. Prenez patience : j'attends incessamment une somme, et vous serez le premier satisfait, soyez-en assuré.

On était alors en hiver, et la saison était rigoureuse. L'artisan tournait continuellement les yeux vers le foyer, privé de feu, et qui ne paraissait pas en avoir eu depuis long-temps. Ce spectacle l'occupe, il begaie entre les dents : — « Madame la comtesse n'a donc pas froid? — Si fait, mon ami, un très-grand froid; mais je ne me chauffe pas, faute de bois ». La figure du cordonnier changea absolument, quand il entendit cette réponse de la bouche de la comtesse : ce créancier de mauvaise humeur devint l'être le plus doux ; un sentiment de bienveillance, d'attendrissement, se peignit dans tous ses traits, et le respect qu'il avait pour la comtesse l'empêcha de laisser paraître les sensations pénibles qui l'agitaient. Enfin, tout pensif, il se retira sans dire un mot de plus.

Le lendemain deux charrettes s'arrêtent à la porte de la comtesse. — « C'est du bois pour vous, madame, dit une servante. — On se trompe ; je n'en ai point demandé ». Les conducteurs assurent que les deux voies de bois sont pour madame la comtesse. — « Il y a méprise, mes amis, vous vous trompez ». L'un des deux se détache, va chercher l'artisan et l'amène tout interdit. — Il entre chez la comtesse, ferme la porte, regarde autour de lui pour s'assurer qu'il n'est pas entendu, et d'une voix à peine intelligible : — « Je vous demande pardon, madame, si j'ai pris cette liberté : ce n'est pas assurément pour vous offenser ; mais voir une dame comme vous dans cette situation ! je n'ai pu y tenir, j'ai envoyé cette bagatelle ; ma petite fortune ne me permet pas de faire davantage. Madame, c'est en vérité tout ce que j'ai pu ! Vous me paierez ce bois quand vous aurez reçu votre argent. Je vous en conjure, madame, daignez accepter ce petit service : quoiqu'un pauvre artisan, *j'ai du cœur*, et votre état m'a pénétré. »

En disant cela, ce digne homme versait des larmes ; la comtesse elle-même était près d'en répandre. — « Oui, mon ami, je reçois volontiers votre bienfait, car c'en est un. Incessamment je vous le paierai ; je me réserve le plaisir de vous donner des marques de ma reconnaissance. »

La comtesse ayant gagné son procès, envoya son valet-de-chambre au cordonnier avec cette lettre : « Je n'en « rougis point, mon ami, et je veux « que tout le monde le sache, personne « dans ma société n'avait daigné s'a- « percevoir que j'étais sans feu dans « une saison où l'on ne saurait s'en « passer, et vous y avez fait attention; « vous avez soulagé ma peine, j'en serai « toute ma vie reconnaissante. En at- « tendant que je puisse faire mieux, « mon valet-de-chambre est chargé de « vous payer les deux voies de bois. « Venez me voir, je chercherai à vous « être utile, à vous et à votre famille. »

La comtesse avait eu la noblesse de signer sa lettre. Le valet-de-chambre remet 300 louis au cordonnier. — « Comment, monsieur, vous vous trompez ! c'est environ deux louis que madame la comtesse me doit. — Madame la comtesse, reprend le valet-de-chambre en souriant, ne donne pas moins pour deux voies de bois ». L'artisan, attendri, vole à l'hôtel : la comtesse était entourée d'un cercle brillant et nombreux ; cette digne femme présente son bienfaiteur à la société, et raconte, avec une sensibilité également honorable pour son cœur et pour son esprit, le service que lui a rendu le cordonnier.

De ce que je vous ai dit avant de vous citer ces deux derniers exemples, ne concluez pas, ma nièce, que vous pouvez indistinctement vous jeter dans la foule, traitant d'égal à égal, pour toutes les actions de votre vie, avec l'universalité de ceux qui la composent. Chaque classe de citoyens se différencie par ses habitudes ; et le bonheur de l'union conjugale, par exemple, ne se compose en grande partie que des rapports de caractère et d'inclinations des époux. Ils ne peuvent se le promettre que, lorsque élevés sur le même terrain et dans les mêmes vues, il est probable qu'il existera entre eux similitude exacte et constante de sentimens et de manières. Ne croyez pas qu'en choisissant parmi ceux qui semblent vos inférieurs par le rang, et qui le sont réellement par l'éducation, vous vous assurerez des égards et des soins ; ils vous manqueront là plutôt que si vous vous étiez trop élevée. Les unions disproportionnées, quels que soient leurs commencemens, finissent ordinairement par porter des fruits amers pour les personnes qui s'y sont immolées, et il est possible que ce soit l'abandon même avec lequel elles se livrent dans ces occasions qui leur attire ce supplice : le mépris n'est que trop souvent le prix de l'abaissement fictif ou véritable ; et le pas que l'on fait vers celui qui se croyait moins que nous ne produit très-communément chez lui que l'insolence. D'ailleurs, si cette vilité de l'ame n'est pas en lui, une crainte en apparence raisonnable en pourra produire l'effet il s'accoutumera peu à peu à devenir notre oppresseur, en voulant nous ôter à nous-même l'idée de l'opprimer, et il usurpera sur nous une autortié tyrannique pour nous mettre hors d'état de prendre sur lui un ascendant auquel il lui semblera naturel que nous aspirions. Un exemple, pris de deux personnes entre lesquelles la distance, sous plus d'un rapport, n'était pas immense, peut nous convaincre de cette vérité.

Mademoiselle de Montpensier, fille de Gaston d'Orléans, frère de Louis XIII, après avoir manqué d'épouser l'empereur, le roi d'Angleterre; après avoir refusé le roi de Portugal et plusieurs autres princes de l'Europe, devint, à l'âge de quarante-cinq ans, éprise de Lauzun, courtisan d'un haut rang, capitaine des Gardes du corps, et favori de Louis XIV. N'ayant pu obtenir du roi la permission de l'épouser, elle se maria secrètement avec lui. Elle eut tout lieu de s'en repentir : elle avait passé la moitié de sa vie au milieu des hommages et des applaudissemens; elle passa l'autre dans la honte et le mépris. Lauzun la traita fort mal; et l'on rapporte qu'il poussa l'insolence jusqu'à lui dire un jour en revenant de la chasse : *Henriette de Bourbon, tire-moi mes bottes*, et que cette princesse s'étant récriée, il fit un mouvement du pied pour la frapper.

Quant à l'éducation, elle est le lien le plus puissant entre deux personnes qui se sont engagées à passer leur vie entière ensemble. Après avoir dit qu'il ne connaît pour les deux sexes que deux classes réellement distinguées, l'une de gens qui pensent, l'autre de gens qui ne pensent point, le chef des philosophes, J. J. Rousseau, ajoute, dans un endroit de ses ouvrages, qu'un homme de la première de ces deux classes ne doit point s'allier dans l'autre; car, continue-t-il, le plus grand charme de la société manque à la sienne, lorsqu'ayant une femme il est réduit à penser seul. Les gens qui passent exactement leur vie entière à travailler pour vivre, n'ont d'autre idée que celle de leur travail ou de leur intérêt, et tout leur esprit semble être au bout de leurs bras. Cette ignorance ne nuit ni à la probité ni aux mœurs, souvent même elle y sert; souvent on compose avec ses devoirs à force de réfléchir, et l'on finit par mettre un jargon à la place des choses. La conscience est le plus éclairé des philosophes : on n'a pas besoin de savoir les Offices de Cicéron pour être homme de bien; et la femme du monde la plus honnête sait peut-être le moins ce que c'est que l'honnêteté; mais il n'est pas moins vrai qu'un esprit cultivé rend seul le commerce agréable; est c'est une triste chose pour un père de famille qui se plaît dans sa maison, d'être forcé de s'y renfermer en lui-même, et de ne pouvoir s'y faire entendre à personne.

« D'ailleurs, comment une femme, qui n'a nulle habitude de réfléchir, élèvera-t-elle ses enfans? Comment discernera-t-elle ce qui leur convient? Comment les disposera-t-elle aux vertus qu'elle ne connaît pas, au mérite dont elle n'a nulle idée? Elle ne saura que les flatter ou les menacer, les rendre insolens ou craintifs; elle en fera des singes maniérés, ou d'étourdis polissons; jamais des bons esprits, ni des enfans aimables ». Ce morceau, écrit pour les hommes, peut aussi s'appliquer aux femmes : comment celle d'entre elles qui a ce qu'il faut pour bien élever ses enfans, pourra-t-elle faire usage de ses dispositions et de ses talens à cet égard, si son sort se trouve uni à un homme qui ne puisse être en cela que faible ou brutal?

Clara, malgré le double sujet de mécontentement qui m'a fait vous écrire cette longue lettre, je sais qu'au fond vous êtes bonne sœur et bonne fille ; je ne m'appesantirai donc pas sur cet article, je vous ferai seulement observer que votre attachement pour l'auteur de vos jours doit être sans bornes, et qu'il ne faut pas que dans aucune circonstance il souffre la plus légère altération. Votre intérêt le veut autant que votre devoir.

Eh ! qui ne connaît pas quelle volupté pure,
A l'amour filial attacha la nature?

dit à ce sujet l'abbé Delille,

Fidélia le prouve, elle dont Adisson
A la postérité transmit l'aimable nom.
La mort à son enfance avait ravi sa mère ;
Mais ses traits enchanteurs en offraient à son père
La douce ressemblance et le vivant portrait :
Une épouse des sens flatte la douce ivresse,
Les fils l'ambition, les filles la tendresse ;
Et pour elles l'amour d'un père vertueux
Sans en être moins pur, est plus affectueux.
Au ciseau de Scopas, même au pinceau d'Apelle,

La beauté que je chante eût servi de modèle.
Un amant l'adorait, tel que le dieu d'amour
L'eût choisi pour charmer les nymphes de sa cour;
Elle-même admirait sa grace enchanteresse.
Mais l'amour filial étouffait sa tendresse ;
Et d'un père chéri les douleurs, les besoins,
Sans remplir tout son cœur, occupaient tous ses soins.
Son ame, dévouée à ces doux exercices,
A son vieux domestique enviait ses services ;
Les plus humbles emplois flattaient son tendre orgueil.
Elle-même, avec art dessina le fauteuil
Qui, par un double appui, soutenant sa faiblesse,
Sur un triple coussin reposait sa vieillese ;
Elle-même à son père offrait ses vêtemens,
Lui préparait ses bains, soignait ses alimens ;
Elle-même à genoux ajustait sa chaussure,
Elle-même peignait sa blanche chevelure,
Près de lui rassemblait ses meubles favoris,
Ses amis de l'enfance et ses livres chéris.
Souvent quand la beauté, méditant ses conquêtes,
Se parait pour le bal, les festins ou les fêtes,
Elle, auprès du vieillard, au coin de leurs foyers,
Écoutait le récit de ses exploits guerriers,
Tantôt pinçait son luth ; tantôt, avec adresse,
Lui chantait les vieux airs qui charmaient sa jeunesse;
Le soir le conduisait au lieu de son sommeil,
Veillait à son chevet, épiait son réveil,
Dressait pour lui la table, et des plantes d'Asie
Lui versait de sa main l'odorante ambroisie.

Vainement ses amis lui disaient quelquefois :
« Faut-il vivre toujours sous ces austères lois ?
« Et même avant l'hymen connaissant le veuvage,
« En ces pieux ennuis couler votre jeune âge ?
« Hâtez-vous de saisir ces rapides instans ;
« Vous les regretterez, il n'en sera plus temps.
« Plus prompte que l'éclair, la jeunesse s'envole :
« De ces tristes devoirs qu'un époux vous console ! »

— « Ah ! ma mère n'est plus, disait-elle, et sa mort
« D'un père en cheveux blancs m'a confié le sort.
« De frivoles plaisirs que la foule s'amuse ;
« Pour moi, mon cœur jouit des biens qu'il se refuse.
« Je jouis, quand je vois, au sortir du sommeil,
« D'un rayon de gaieté briller son doux réveil ;
« Je jouis, quand le soir prolongeant ma lecture,
« J'endors près de son lit les douleurs qu'il endure ;
« Je jouis, quand le jour appuyé sur mon bras,
« Mes secours attentif aident ses faibles pas.
« Dans des liens nouveaux ma jeunesse engagée
« Par deux objets chéris se verrait partagée !
« L'amour lui volerait une partie de ses soins !
« Je l'aimerais autant, je le soignerais moins !
« Non, j'en jure aujourd'hui par l'ombre de ma mère,
« Rien ne pourra jamais me séparer d'un père ! »

Dans l'occasion particulière où je vous ai trouvée en rebellion contre votre père, il fallait, corbleu ! obéir en silence, ma nièce. Ce ton aigre que vous affectiez, messied à votre sexe, même dans les circonstances ordinaires, et lorsqu'il n'est point question de céder à la voix sainte de ceux qui nous ont donné la vie. « La première et la plus importante qualité d'une femme est la douceur, dit ce même J. J. Rousseau avec lequel je marchais de conserve il n'y a qu'un moment : faite pour obéir à un être aussi imparfait que l'homme, souvent si plein de vices, et toujours si plein de défauts, elle doit apprendre de bonne heure à souffrir même l'injustice et à supporter les torts d'un mari sans se plaindre. Ce n'est pas pour lui, c'est pour elle qu'elle doit être douce : l'aigreur et l'opiniâtreté des femmes ne font jamais qu'augmenter leurs maux et les mauvais procédés des maris ; ils sentent que ce n'est pas avec ces armes-là qu'elles doivent les vaincre. Le ciel ne les fit point insinuantes et persuasives pour devenir acariâtres ; il ne les fit point faibles pour être impérieuses ; il ne leur donna point une voix si douce pour dire des injures ; il ne leur fit point des traits si délicats pour les défigurer par la colère. Quand elles se fâchent, elles s'oublient ; elles ont souvent raison de se plaindre, mais elles ont toujours tort de gronder. Chacun doit garder le ton de son sexe : un mari trop doux peut rendre une femme impertinente ; mais, à moins qu'un homme ne soit un monstre, la douceur d'une femme le ramène et triomphe de lui tôt ou tard. »

Ma nièce, je vous exhorte à pratiquer la vertu, et non point à prendre son masque. Que ces remontrances, faites avec plus de chaleur que de profondeur, vous donnent donc une conduite exacte en réalité, et non pas en apparence.

« Il ne suffit pas, ma fille, dit madame de Lambert dans ses avis à la sienne, il ne suffit pas, pour être estimable, de s'assujettir extérieurement aux bienséances : ce sont les sentimens qui forment le caractère, qui conduisent l'esprit, qui gouvernent la volonté, qui répondent de la réalité et de la durée de toutes nos vertus. Quel sera le principe de ces sentimens ? La religion. Quand elle sera gravée dans notre cœur, alors toutes les vertus couleront de cette source, tous les devoirs se rangeront chacun dans leur ordre. Ce n'est pas assez pour la conduite des jeunes personnes que de les obliger à faire leur devoir ; il faut le leur faire aimer. L'autorité est le tyran de l'extérieur, qui n'assujettit point le dedans. Quand on prescrit une conduite, il faut en montrer les raisons et les motifs, et donner du goût pour ce que l'on conseille.

« Nous avons tant d'intérêt à pratiquer la vertu, que nous ne devons jamais la regarder comme notre ennemie, mais comme la source du bonheur, de la gloire et de la paix.

« Rien n'est plus heureux et plus nécessaire que de conserver un sentiment qui nous fait aimer et espérer, qui nous donne un avenir agréable, qui accorde tous les temps, qui assure tous les devoirs, qui répond de nous à nous-mêmes, et qui est notre garant envers les autres. De quel secours la religion ne vous sera-t-elle pas contre les disgraces qui vous menacent? car un certain nombre de malheurs vous atteindra infailliblement. Un ancien disait qu'*il s'enveloppait du manteau de sa vertu :* enveloppez-vous de celui de votre religion; elle vous sera d'un grand secours contre les faiblesses de la jeunesse, et un asile assuré dans un âge plus avancé.

« Les femmes qui n'ont nourri leur esprit que des maximes du siècle tombent dans un grand vide en avançant en âge : le monde les quitte, et leur raison leur ordonne aussi de le quitter. A quoi se prendre? Le passé nous fournit des regrets, le présent des chagrins, et l'avenir des craintes. La religion seule calme tout et console de tout ; en vous unissant à Dieu, elle vous réconcilie avec le monde et avec vous même. »

Clara, vous m'avez semblée moins pardonnable que mes neveux dans l'occasion où je vous ai trouvée révoltée en quelque sorte contre votre père, à cause de la manière pressante dont il vous recommandait la pratique de vos devoirs religieux ; et il y avait là, en effet, une différence bien grande.

Je crois votre sexe engagé dans des obligations particulières à cet égard, et vous allez voir que, sur ce point encore, je ne suis pas seul de mon avis.

« Quoique les devoirs de la religion lient également les deux sexes, dit l'auteur des Conseils d'un père à ses filles, il est cependant certaines différences dans le caractère et dans l'éducation des femmes, qui rendent quelques vices infiniment odieux dans votre sexe. Nos cœurs sont naturellement moins sensibles, et la violence de nos passions, enflammées par des libertés qu'on n'a pas réprimées dans notre jeunesse, contribue à donner à nos manières moins de retenue, et à nous rendre moins susceptibles des sentimens du cœur les plus délicats : votre très-grande délicatesse, votre modestie, et la sévère exactitude avec laquelle on forme ordinairement votre éducation, vous fortifient puissamment contre la séduction de ces vices auxquels nous sommes le plus sujets. La douceur et la sensibilité naturelles de votre caractère vous disposent particulièrement à remplir ces devoirs, qui intéressent le cœur sur toute chose ; ce qui, joint au feu naturel de votre imagination, vous rend bien davantage susceptibles des sentimens de religion.

« Il y a plusieurs occasions dans votre

état où les utiles secours de la religion vous deviennent extrêmement nécessaires pour vous y comporter avec fermeté et avec honneur. Toute votre vie est souvent une vie de souffrance. Vous ne pouvez pas vous distraire en vous livrant aux affaires; vous ne pouvez pas chercher à vous dissiper par les plaisirs et par les désordres, comme les hommes qui s'y abandonnent trop souvent lorsqu'ils sont accablés par leurs malheurs. Vous êtes forcées de dévorer en silence vos chagrins, sans qu'on les connaisse et sans qu'on vous en plaigne. Souvent vous devez montrer un visage serein et riant lors même que votre cœur est déchiré par la tristesse ou qu'il est plongé dans le désespoir. Alors toute votre ressource est dans les consolations religieuses. Il est particulièrement propre à ces consolations de vous faire supporter les malheurs domestiques mieux que nous ne les supportons.

« Il est aussi de temps en temps pour vous d'autres circonstances différentes, mais qui demandent également que la religion vous serve de frein. La vivacité ou peut-être la vanité naturelle à votre sexe vous jette souvent dans un état de dissipation qui vous trompe, sous l'apparence d'un plaisir innocent, mais qui réellement altère votre santé, affaiblit toutes les facultés de votre ame, et souvent ternit votre réputation. La religion servant de frein à cette dissipation, et calmant cette ardeur pour le plaisir, vous met en état de retirer des avantages plus heureux, même de ces sources d'amusemens, qui, quand on s'y livre trop souvent, produisent la satiété et le dégoût.....

« Soyez ponctuelles le matin et le soir aux exercices particuliers de dévotion que vous vous serez prescrits. Si vous avez une imagination sensible, ils établiront entre vous et l'Être suprême un commerce qui sera pour vous d'une conséquence infinie dans la vie. Ce commerce vous rendra d'une gaieté habituelle ; il donnera à votre vertu de la force et de la stabilité ; il vous mettra en état de passer à travers les vicissitudes de la vie humaine avec autant de dignité que d'honneur.....

« Écartez toutes les grimaces de l'ostentation dans la pratique des devoirs religieux ; elles servent de masque ordinaire à l'hypocrisie, du moins elles montrent à découvert une ame vaine et un esprit faible.....

« La religion est une morale épurée et élevée au plus haut dégré pour s'approcher du ciel, seul séjour où la perfection réside sans mélange ; elle est la source de toutes les vertus en même temps qu'elle les couronne.

« L'effet le plus noble de ce sentiment sera une humanité compatissante qui s'étendra sur tous les malheureux. Mettez à part quelque chose en proportion de vos revenus, et consacrez cette réserve à des œuvres de charité. Mais en ceci, comme dans la pratique de chacun des autres devoirs, évitez avec soin l'ostentation. La vanité ruine toujours elle-même ses propres desseins. La bonne réputation est la récompense de la vertu : ne courez pas après, et elle vous suivra partout.

« Que votre charité ne se borne pas à donner de l'argent; vous pouvez avoir plusieurs occasions de faire paraître une ame tendre et bienfaisante lors même que vous le pourrez autrement. C'est un faux rafinement de sensibilité chez certaines personnes de détourner leur vue de dessus des objets souffrans. Ne vous le permettez jamais, particulièrement quand quelqu'un de vos amis ou de vos connaissances se trouve dans ce cas : que le jour de leurs infortunes, lorsque le monde les oublie, ou qu'il ne veut pas les voir, soit pour vous le temps de déployer votre humanité et votre amitié. La vue des misères humaines amollit le cœur et le rend meilleur : elle mortifie l'orgueil que la santé et la prospérité donnent; et le sentiment douloureux qu'elle occasionne est amplement compensé par le sentiment intérieur de faire votre devoir, et par le secret agrément que la nature a attaché à toutes nos tristesses sympathiques. »

Les leçons contenues dans ce dernier morceau sont infiniment sages, ma nièce ; on y rappelle fortement aux femmes qu'elles doivent être particulièrement religieuses, et on leur apprend en même temps de quelle manière il faut qu'elles le soient : l'abus est là séparé de la chose, et c'est beaucoup; car souvent on ne s'éloigne de la chose que par aversion pour l'abus. Insister sur ce point serait vous faire injure. Je vous le répéte ; je ne vous crois, sur aucun de vos devoirs, capable d'une négligence réfléchie : il n'y aura jamais là à combattre en vous que des mouvemens d'erreur, fruits de la vivacité de votre âge et de l'entraînement du monde. Quant au dernier précepte, il n'a pu être un seul instant effacé de votre cœur, puisque votre sensibilité vous a toujours fait chérir des personnes qui vous connaissent. Je me contenterai seulement, en terminant ma lettre, d'appuyer ce précepte de deux ou trois exemples, plus pour la gloire de ceux qui les ont donnés, que pour déterminer votre conviction, que je crois parfaite.

Mademoiselle*** possédait un bien suffisant pour avoir un équipage. Elle touchait à un âge avancé. Son cocher conçoit de l'inclination pour Marianne, sa femme-de-chambre : il en parle à sa maîtresse. Mademoiselle*** saisit avidement l'occasion de faire deux heureux.

Quoiqu'elle aimât sa domestique, et que son service lui fût agréable, elle consentit sans peine à se priver de Marianne, qui épousa son amant, et alla dans la ville occuper une boutique de mercerie. Le mari était resté chez mademoiselle *** : ses gages l'aidaient à soutenir sa femme, qui avait plusieurs enfans. Il vient à mourir, et le commerce ne fournit bientôt plus à sa veuve de quoi faire subsister ses enfans. Réduite à la dernière extrémité, elle vient se jeter aux pieds de mademoiselle***, et lui fait connaître sa cruelle situation. Mademoiselle***, vivement émue, l'invite à revenir le lendemain, espérant, dit-elle, qu'elle aura jusque-là trouvé le moyen d'améliorer son sort. Marianne revient effectivement le lendemain. Mademoiselle *** lui remet un contrat de rente suffisant pour elle et ses enfans. Elle sortait, au comble de la joie, après avoir baigné des larmes de la reconnoissance les genoux de mademoiselle***, quand elle apprend que la veille cette personne a congédié son cocher, et vendu sa voiture et ses chevaux. Elle conçoit alors par suite de quel sacrifice mademoiselle *** est devenue sa bienfaitrice, et revient sur ses pas, bien résolue à rendre ce qu'elle a reçu. — Quoi! s'écrie-t-elle, ma digne bienfaitrice! c'est pour moi que vous vous êtes réduite à cette extrémité !... J'aime mieux mourir moi et les miens!... Voici le papier. — Gardez-le, Marianne; je ne reprends jamais ce que j'ai donné; croyez que j'ai cherché à me satisfaire : je me suis rendue compte; je n'aurais pu vous être utile sans ce sacrifice. Ce que me coûtaient un cocher, un carrosse, des chevaux, je l'emploie à vous assurer l'existence à vous et à vos enfans. N'est-ce pas avoir déplacé mon argent pour le replacer mille fois mieux? En vain Marianne insiste : mademoiselle*** ne veut rien entendre. On lui parlait un jour de la fatigue qu'elle devait éprouver à aller à pied: « Quand j'ai de la peine à marcher, répondit-elle, je me souviens du motif qui m'a fait vendre ma voiture, et je me retrouve aussitôt mes jambes de quinze ans. »

Une femme, âgée de cent huit ans, avait coutume, depuis plusieurs années, de se mettre au nombre des pauvres auxquels l'impératrice Marie-Thérèse lavait les pieds le jour du jeudi-saint. Depuis deux ans ses infirmités l'avaient empêchée de se rendre au palais; elle fit dire à l'impératrice qu'elle avait le plus vif regret de n'avoir pu se trouver à cette pieuse cérémonie, non à cause de l'honneur qu'elle avait reçu, mais parce qu'elle avait été privée du bonheur de voir une souveraine adorée. L'impératrice-reine, touchée du message et des sentimens de cette bonne femme, se rendit elle-même dans le village qu'elle habitait ; elle ne dédaigna pas d'entrer dans sa misérable cabane : « Vous regrettez de ne m'avoir pas vue, lui dit avec bonté cette généreuse princesse ; consolez-vous, ma bonne, je viens vous voir. »

CHAPITRE TROISIÈME.

De quelques défauts particuliers aux jeunes gens qui habitent les villes, dans les différentes conditions de la vie privée; et des réflexions qui doivent les ramener à une meilleure conduite.

N'EST-IL pas vrai, mon neveu l'homme du monde, que vous vous êtes bien amusé aux dépens du *bonhomme* qui a écrit à votre frère et à votre sœur? Je vous remercie particulièrement en son nom des aimables plaisanteries qu'un passage de ses lettres vous a fait faire sur les sorciers et les revenans. Ah, mon neveu, vous pensez qu'on ne peut être pieux sans croire en même temps à la magie et aux fantômes? Vous connaissez bien la religion, et en avez parfaitemet saisi l'esprit ! Consultez à ce sujet un théologien ; et vous verrez ce qu'il vous dira. Quant à moi, corbleu ! je pousse seulement au large, en m'écriant de toute la force de mon porte-voix, que le respect pour la Divinité est la marque la plus certaine à laquelle on puisse reconnaître les gens qui ont le sens commun, tandis que la superstition est au contraire l'apanage des sots : les uns entendent sans cesse une voix intérieure qui les rappelle à l'idée d'un Être tout-puissant, dont les préceptes servent de bases à l'édifice social quand il est bien établi ; les oreilles des autres leur semblent continuellement battues par des voix fantastiques qui leur commandent des sottises et des platitudes sévèrement réprimées partout où les lois et les magistrats sont respectables.

En vous prêchant la religion, comme vous le dites avec une malice si peu outrageante, je ne vous prescris pas plus une servitude honteuse envers les prêtres et toutes les personnes en général qui se font remarquer par leur piété. Obéissez noblement aux prêtres dans les fonctions de leur saint ministère, lorsqu'en quelque action de votre vie vous les prenez pour intermédiaires entre Dieu et vous : partout ailleurs vous ne leur devez que de la déférence; et vos rapports temporels avec eux doivent se régler sur la même mesure que ceux que vous pouvez avoir avec d'autres personnes entièrement étrangères à l'autel. Pour les laïcs qui voudraient se fonder par leur piété des droits extraordinaires, vous savez bien intérieurement comment on peut repousser de telles prétentions. Je n'aime pas plus que vous les hypocrites et les ambitieux de religion; à leur sujet je dis avec Molière dans le *Tartuffe* :

Et comme je ne vois nul genre de héros

Qui soit plus à priser que les parfaits dévots,
Aucune chose au monde, et plus noble, et plus belle,
Que la sainte ferveur d'un véritable zèle;
Aussi ne vois-je rien qui soit plus odieux
Que le dehors plâtré d'un zèle spécieux,
Que ces francs charlatans, que ces dévots de place,
De qui la sacrilége et trompeuse grimace
Abuse impunément, et se joue à leur gré
De ce qu'ont les mortels de plus saint et sacré;
Ces gens qui, par une ame à l'intérêt soumise,
Font de dévotion métier et marchandise,
Et veulent acheter crédit et dignités
A prix de faux clins d'yeux et d'élans affectés;
es gens, dis-je, qu'on voit d'une ardeur non commune
Par le chemin du ciel courir à leur fortune;
Qui, brûlans et prians, demandent chaque jour,
Et prêchent la retraite au milieu de la cour;
Qui savent ajuster leur zèle avec leurs vices,
Sont prompts, vindicatifs, sans foi, pleins d'artifices;
Et pour perdre quelqu'un couvrent insolemment
De l'intérêt du ciel leur fier ressentiment,
D'autant plus dangereux dans leur âpre colère,
Qu'ils prennent contre nous des armes qu'on révère,
Et que leur passion dont on leur sait bon gré,
Veut nous assassiner avec un fer sacré.

L'impiété, Adolphe, vient chez vous de dureté de cœur. A la même source fatale que vous-même vous êtes creusée par votre affectation de septicisme, vous puisez tous vos autres défauts, et notamment votre indifférence coupable pour mon malheureux frère. Vous qui faites le savant, mon neveu, et qui ambitionnez la gloire de placer un jour votre nom parmi les plus illustres en ce genre, prenez donc leçon de quelques-uns de ceux qui vous ont précédé dans la carrière, sur le point de morale le plus important. Les savans les plus renommés des anciens temps ont toujours tenu à grand honneur leur piété filiale; et ils la croyaient un devoir d'autant plus sacré, qu'ils sentaient, par leur génie, avoir reçu davantage de ceux qui leur avoient donné la vie.

Lisons la lettre qu'Ausone, si célèbre dans les lettres grecques et latines, écrivit à l'auteur de ses jours, pour lui annoncer qu'il venait lui-même de devenir père. « Mon affection pour vous, « ô mon père, est si grande, que je

« ne croyais pas qu'il me fût possible « de l'augmenter ; mais, grace aux « dieux, il m'est survenu un fils qui « donne un double nom à chacun de « nous. Il vous rend grand-père; il « est mon fils; je suis le vôtre : ainsi « nous sommes honorés tous les deux « du nom de père.

« Ce n'est plus mon seul amour filial « qui m'engage à vous chérir ; ma ten- « dresse pour vous vient de ces deux « noms que vous portez. Il me semble « à présent que je suis un autre vous- « même ; non parce que nous sommes « tous les deux presque du même âge, « mais parce que ce fils m'honore aussi « du nom de père.

« Je vous jure, mon père, que je ne « sais pas le nombre de vos années, et « que je crois que vous n'en avez pas plus « que moi. Un enfant bien né doit igno- « rer une semblable chose; elle ne doit « être observée que par un héritier avide

« qui médite plutôt un testament qu'il « ne fait des vœux pour la santé d'un « testateur; par un fils, en un mot, qui, « par son mauvais exemple, enseigne « aux jeunes gens à voir et à souffrir « difficilement des pères avancés en « âge.

« O mon père! j'ai des devoirs en- « vers vous comme votre fils; et mes « tendres soins pour votre petit-neveu « m'engagent à augmenter en faveur « d'un père les respects que nous de- « vons à un aïeul. »

Voici de quelle manière, après la mort de ce père si chéri, le même Ausone exprimait ses regrets à sa mère, depuis long-temps déjà dans la tombe:

« Digne épouse de *Jules Ausone*, « ô ma mère! vous devez avoir la se- « conde place dans les hommages qu'un « fils respectueux adresse à ses mânes. « Daignez donc les agréer, mère sen- « sible, modèle de toutes les mères;

B. Choquet del. Gossard sculp

Nos devoirs envers les auteurs de nos jours.

« vous qui fûtes douée de toutes les « vertus d'une épouse, et d'une pudeur « renommée ; vous qui fûtes un exem- « ple d'amour du travail, d'affabilité « et d'enjouement mêlés à propos de « gravité ; vous qui prîtes un soin aussi » tendre qu'éclairé de notre éducation, « et qui fîtes de si généreux sacrifices « à cet égard. Salut, repos et respect « à vos mânes, ô ma bonne, ô ma « tendre mère ! Comme autrefois vous « partagiez la couche de votre époux « chéri, unissez à jamais vos cendres « avec les siennes ; n'ayez tous deux « qu'une même tombe que j'arroserai de « mes pleurs tant que je vivrai, et vers « laquelle mon soin le plus doux sera « de conduire vos petits-fils, pour leur « inspirer dès leurs tendres années la « première des vertus. »

Des modernes n'ont pas moins fait pour ce sentiment, si naturel, qu'on doit être étonné qu'il puisse exister un seul être chez lequel il ne se trouve point.

Tout le monde connaît le Corrège, dont le pinceau fut surnommé celui des Graces ; mais peu de personnes savent pourquoi et comment il mourut dans la force de son âge : l'amour filial le fit descendre au tombeau. Étant allé un jour à Palerme, toucher le prix d'un de ses tableaux, au lieu de le payer en or ou en argent, on lui donna un énorme sac de douze cent francs en monnaie d'airain. C'était une ressource précieuse pour sa famille, qui se trouvait alors dans le besoin ; et surtout pour sa mère, qui, dangereusement malade, gardait le lit depuis plusieurs semaines. Empressé de se rendre près d'elle pour lui prodiguer les secours que le défaut d'argent avait jusque-la fait différer, le Corrège voulut porter lui-même le fatal sac. Il n'atteignit le lieu de sa demeure qu'exténué de fatigue et baigné de sueur ; et en y arrivant il se sentit attaqué d'une fièvre violente, qui, se changeant bientôt en fluxion de poitrine, lui donna la mort.

Suivons maintenant le poète Roucher dans son principal ouvrage.

« O mon père! s'écrie-t-il en dédiant son poëme des *Mois* à l'auteur de ses jours, combien vous avez de titres au faible hommage que je vous présente! je vous dois plus que la vie : vous avez été mon premier instituteur.

« Je n'oublierai jamais ces jours de mon enfance où, en me menant avec vous dans des promenades solitaires, vous m'entreteniez du génie précoce de Pascal et du Tasse, et me faisiez lire la vie de ces deux grands hommes.

« Grace à vous, mon cœur palpitait déjà au nom de la gloire. Je n'oublierai jamais qu'à ces premières lectures vous fîtes succéder bientôt celles de Télémaque et de Jérusalem délivrée. Quel charme je trouvai à ces deux ouvrages!

comme je m'intéressais aux scènes champêtres qui les embellissent! Calypso dans son île, Herminie parmi les bergers, firent couler mes premières larmes de plaisir. Je dois à cette éducation mon amour pour la campagne et la poésie : oui, c'est vous qui m'avez fait poète, si l'ouvrage que je vous offre peut toutefois me mériter ce nom.

« Mais quand je n'aurais pas ce motif pour mettre le fruit de douze années de travaux sous les auspices de mon père, les leçons de vertu, les exemples de piété filiale, de tendresse fraternelle, de bienfaisance même, que vous m'avez donnés, tout ne me commanderait-il pas ce que je fais aujourd'hui par un libre mouvement de mon cœur ?

« Vous vouliez, avant tout, que je fusse bon, et vous l'étiez vous-même en m'apprenant à l'être. Ah ! puisse ce tribut de ma tendre vénération et de ma reconnaissance vous prouver que je n'ai pas tout-à-fait négligé vos avis! Je me flatte du moins que vous trouverez dans mes vers ce respect pour les mœurs, cet amour de la vertu, ce sentiment des choses honnêtes, que je puisai près de vous dans mes premières années.

« Que d'autres jugent de mes faibles talens; vous, mon père, jugez l'ame de votre fils, et applaudissez-lui si elle a quelques traits de ressemblance avec la vôtre. »

Plus loin, dans son poëme même, Roucher exprime encore en traits de flamme l'amour qu'il a pour son père. Après avoir chanté les travaux et les métamorphoses des vers à soie qui enrichissent la ville de Montpellier, où il est né, il s'écrie :

Ma patrie!... à ce nom si doux et si chéri,
Jusqu'au fond de mon cœur je me sens attendri.
Un penser douloureux, qui pourtant a des charmes
Et me trouble et m'oppresse, et fait couler mes larmes,
O murs de Montpellier! ô mon premier séjour!
Le mortel vertueux qui me donna le jour

L *

Habite votre enceinte, et le sort m'en exile !...
Quand pourrai-je rentrer dans ce modeste asyle,
Où, sans cesse attentif à mes besoins nouveaux,
Il prodiguait pour moi le prix de ses travaux ?
Où sa sévérité me cachait sa tendresse ?
De ma raison trop lente il hâtait la paresse,
Me formait aux vertus, et portait dans mon cœur
La noble soif d'un nom des ténèbres vainqueur.
Dieu ! couronnez mes jours d'un destin plus prospère,
Et je vole à l'instant dans les bras de mon père.
Je lui rendrai son fils si long-temps attendu ;
Ce fils que pour la gloire il a trop tôt perdu :
De mes faibles talens il recevra l'hommage ;
Il entendra ces vers pleins de sa douce image :
Et des larmes de joie échappant de ses yeux,
Peut-être en m'embrassant il bénira les cieux.
Et toi, cité fameuse, ô moderne Epidaure,
Conserve-moi long-temps ce père que j'adore ;
Conserve son épouse, en qui, dès le berceau,
J'ai retrouvé le cœur de ma mère au tombeau ;
Veille sur tous les miens, et ma reconnaissance
Publiera qu'en ton sein j'ai reçu la naissance.

Un peu plus loin encore, il parle en ces termes, de sa mère, depuis long-temps déjà ravie à son amour :

.... Oui, cent fois à la vue
Des voiles de la mort, d'une tombe imprévue,
L'image de ma mère enlevée en sa fleur,

M'a frappé, m'a rempli d'une sainte douleur,
J'ai cru voir sa vertu, sa jeunesse, ses charmes,
Et ce doux souvenir a fait couler mes larmes.

Astre des nuits! je veux, à ton pâle flambeau,
Oui, je veux m'avancer vers ce sacré tombeau;
Guide-moi... Vain espoir que mon cœur se propose!
Hélas! trop loin de moi cette cendre repose!
Ma mère! oh! si mon œil revoit le bord chéri
Où ton sein me conçut, où ton lait m'a nourri,
Où tes soins aux vertus formèrent mon jeune âge,
Je voue à ton sépulcre un saint pélerinage;
J'irai te faire ouïr le cri de mes douleurs,
Et, courbé sur ta tombe, y répandre des pleurs!

Mon neveu, ce qui se trouve dans les trois premiers paragraphes du discours de Roucher à son père est aussi dans l'histoire de votre vie. Mon frère, après vous avoir donné le jour, a été votre premier instituteur, et on l'a vu même continuer à diriger vos études jusqu'au moment où une maladie cruelle l'a séparée de vous, pour l'en tenir éloigné pendant deux années entières; éloignement, hélas, trop funeste! Vous devriez donc l'aimer et le révérer à la fois comme votre père et votre instituteur. Vous qui avez si bien commenté ma lettre à votre frère, vous savez combien je m'y suis montré pressant sur ce second point : quant au premier, vous voyez que des exemples particuliers aux personnes de votre profession en parlent éloquemment. Mais le simple langage de la nature ne devrait-il pas suffire en cela ? Où est la plus chère place d'un fils ? Auprès des deux mortels qui lui ont donné l'existence. Où étoit celle de Pope après la mort même de sa mère ? L'abbé Delille nous l'apprend dans ces vers touchans :

Voici le bois secret ; voici l'obscure allée
Où s'échauffait sa verve en beaux vers exhalée :
Approchez, contemplez ce monument pieux,
Où pleurait en silence un fils religieux.
Là repose sa mère ; et les touffes plus sombres
Sur ce saint mausolée ont redoublé leurs ombres ;
Là du Parnasse anglais le chantre favori
Se fit porter mourant sous son bosquet chéri ;
Et son œil, que déjà couvrait l'ombre éternelle,
Vint saluer encor la tombe maternelle.
Salut ! saule fameux que ses mains ont planté !
. . . .

Mais, de votre père, cette indifférence que vous décorez avec tant de tort du beau nom de philosophie, de force d'ame, se répand sur tous vos parens. J'ai reproché à votre frère sa conduite dure envers vous ; mais ne la méritez, ne la provoquez-vous jamais ? Je suis informé que dans plus d'une occasion vous l'avez traité tout-à-fait en ennemi. Il a eu avec son père des différens qui, sans vous, fussent devenus beaucoup moins sérieux. Quand vous voyez mon frère irrité contre lui, loin de tâcher de le calmer, vous cherchez encore à l'aigrir, à pousser les choses à l'extrême. Il s'est montré une fois prêt à déshériter Alexandre en votre faveur, et vous n'avez pas repoussé cet horrible présent ; vous avez fait au contraire tout ce qu'il fallait pour qu'il vous fût définitivement offert, et l'on est fondé à croire que vous ne l'auriez pas refusé. Adolphe, un tel don peut-il jamais être acceptable?

Albert Gualtier, marchand italien, avait deux fils; l'aîné des deux, nommé Ferrant, était un mauvais sujet décidé, sur lequel les châtimens, non plus que les bons exemples, n'avaient aucun empire; le cadet, que l'on appelait Arrigo, possédait au contraire toutes les vertus et toutes les qualités qui peuvent faire estimer et aimer un jeune homme.

Le père fit renfermer l'aîné pendant quelque temps, dans l'espoir que cette correction lui serait un avis salutaire de changer de conduite; mais Ferrant sortit de prison plus dépravé encore et plus audacieux qu'il n'y était entré. Un jour il manqua si ouvertement à Gualtier lui-même, que ce père infortuné le chassa de sa maison et le déshérita.

Ferrant se trouva bientôt réduit à la plus affreuse misère; sans argent, sans vêtemens, sans asyle. Sa position lui fit faire des réflexions qui l'amenèrent peu à peu au dessein d'aller se jeter aux pieds de son père, et lui demander sincèrement pardon de tous ses désordres ; mais, hélas ! il n'était plus temps : quand Ferrant vint prendre quelques informations autour de la maison paternelle, il apprit que son père et sa mère avaient cessé d'exister. Dans cette extrémité, il se mit courageusement à travailler, espérant, à force de travail, suffire à ses besoins.

Cependant son frère Arrigo, dont il n'osait implorer le secours, ne l'avait point abandonné ; il lui faisait même passer de temps en temps quelque argent par une main étrangère. Devenu entièrement libre par la mort des auteurs de ses jours, qui l'avaient fait, par leur testament, héritier unique de tous leurs biens, il écrivit à son frère la lettre suivante :

« Mon cher frère,

« Je vous envoie les papiers par lesquels notre père défunt m'avait laissé

« héritier de tous ses biens, et je vous
« prie de partager son patrimoine avec
« moi. Si notre bon père vivait encore,
« je sais qu'ayant égard à votre louable
« repentir, il ferait les mêmes dispo-
« sitions : agréez, de grace, cet acte
« de justice, que les liens du sang et la
« douce amitié m'imposent également.»

Ferrant, tout-à-fait revenu à de bons sentimens, ne voulait pas souffrir que la générosité de son frère le privât ainsi d'une richesse qu'il lui croyait bien légitimement acquise : « Mon cher frère,
« lui répondit-il dans une autre lettre,
« je suis extrêmement sensible au riche
« présent que vous m'envoyez : il jus-
« tifie bien la bonté de votre cœur et
« votre excellent caractère ; mais per-
« mettez-moi de ne le point accepter.
« Personne n'était plus digne que vous
« du testament que notre père a fait en
« votre faveur. Autant j'ai abusé de
« ses conseils pendant qu'il vivait, au-

« tant je dois respecter aujourd'hui ses « dernières volontés. Je me trouve trop « heureux, je suis assez riche, d'avoir « recouvré votre estime, et je vous en « remercie bien sincèrement. »

Cette lettre, en prouvant à Arrigo que son frère méritait véritablement ce qu'il voulait faire pour lui, ne fit qu'irriter encore le violent désir qu'il éprouvait de lui voir accepter la moitié de l'héritage de leur père commun. Il alla le trouver lui-même pour l'en prier instamment. « Mon frère, lui dit-il dans cette entrevue après l'avoir embrassé tendrement, la mémoire de notre père est digne en tout de respect, et doit nous être bien chère ; mais la meilleure manière de l'honorer, c'est de changer un testament qu'il casserait lui-même aujourd'hui s'il vivait encore. Ce qu'il put faire autrefois dans la douleur de son ame, il le regarderait aujourd'hui comme une rigueur déplacée et comme une grande injustice. Ainsi donc, mon ami, mon premier ami, poursuivit-il en serrant Ferrant dans ses bras, rentrez dans les droits sacrés que vous a donnés la nature; vous les avez reconquis par vos vertueux efforts sur vous-même ». En vain Ferrant voulut résister encore : Arrigo redoubla ses instances, et ne le quitta que lorsqu'il eut enfin obtenu de lui qu'un partage égal de la succession des auteurs de leurs jours rendrait nul le testament qu'ils avaient fait en sa faveur.

Mon neveu, l'amour fraternel est aussi sacré que l'amour filial, et l'on en peut citer d'aussi beaux exemples.

Nés jumeaux, MM. de la Curne et de Sainte-Palaye seront à jamais célèbres par leur amour fraternel. Ils eurent, pendant toute leur vie, une même demeure, une même table, les mêmes sociétés et les mêmes inclinations. Revenus, dépenses, peines, plaisirs et sentimens, tout leur fut commun. L'un des deux n'eût pas voulu d'un bonheur qui eût nui à celui de son frère : M. de la Curne trouva l'occasion d'en fournir la preuve la plus incontestable. Un parti riche et sortable s'étant présenté pour lui, il l'accepta d'abord. Mais la veille du jour marqué pour cette union, remarquant beaucoup de tristesse sur la figure de son frère, il l'interroge sur le motif de son chagrin. M. de Sainte-Palaye ne peut se taire long-temps : il avoue que l'idée du nouveau bonheur qui va devenir le partage de son frère ne peut l'amener à renoncer lui-même sans désespoir à celui que leur a fait éprouver jusqu'alors à tous deux leur commune vie. M. de la Curne s'élance à son cou, et le serrant dans ses bras : « Non, mon ami, lui dit-il ; non ! je ne me marierai point! nous vivrons toujours ensemble » ! Et il rompt pour jamais l'union projetée.

M. de la Curne est sur le lit de la mort : bientôt on va lui fermer les yeux ; il n'attend plus que le moment de paraître devant le juge éternel des actions des hommes. C'est de son frère, de son frère au désespoir, qu'il s'occupe surtout : « Hélas ! s'écrie-t-il, que va devenir mon frère ? je m'étais toujours flatté qu'il mourrait avant moi, et que la douleur d'une séparation si cruelle se prolongerait sur moi seul ! »

Adolphe, je vous ai quelquefois entendu parler de Virgile avec un juste enthousiasme ; eh bien, Virgile était aussi un bon frère. Rappelez-vous sa cinquième Églogue. Sous les noms de Mopsus et de Ménalque, c'est la mort de son frère Flaccus, moissonné à la fleur de son âge, qu'il y déplore. Combien il y est tendre et éloquent. Permettez-moi de vous en citer ici un extrait. Tout marin que je suis, je sais aussi mon Virgile, et il me semble que dans cette occasion il est bon que je vous le prouve.

« Les nymphes désolées gémissaient sur la mort funeste du beau Daphnis, s'écrie Mopsus ; ô vous ! fleuves, arbres de ces bois, vous fûtes témoins de leur tristesse profonde. Oh ! combien les divinités champêtres versèrent de larmes lorsque sa mère désolée serrait entre ses bras le corps glacé de son jeune fils, et qu'elle reprochait aux dieux une destinée si barbare !

« Pendant ces jours de deuil et de douleur, aucun berger ne conduisit ses troupeaux aux pâturages ; les troupeaux eux-mêmes oublièrent les prairies et les fontaines.... O Daphnis ! dans ces tristes jours, les forêts et les rochers répétaient des accens douloureux sur ta fin prématurée !

« Comme la vigne est l'ornement des coteaux, et le raisin celui de la vigne ; comme une riche moisson égaie et embellit nos campagues, vous de même, ô cher Daphnis, vous fûtes la joie et l'ornement de nos hameaux !

« Hélas ! depuis que la parque inexorable a tranché cruellement le fil de vos beaux jours, depuis qu'elle vous a enlevé de nos tristes campagnes, Palès et Apollon les ont abandonnées ! la perfide ivraie et les herbes vénéneuses ont fait périr nos plus belles semences ; on n'y trouve plus que des chardons et des ronces, à la place des narcisses et des douces violettes qu'on y voyait croître de toutes parts !

« O vous ! jeunes bergers, vous qui êtes privés à jamais du beau Daphnis, accourez ici pour mêler vos regrets et vos larmes avec celles que nous ne cessons de verser : jonchez la terre de feuillages et de fleurs ; ombragez nos fontaines de tristes cyprès ; érigez un tombeau à Daphnis, et gravez-y cette inscription :

Ci gît Daphnis, connu du couchant à l'aurore,
Berger d'un beau troupeau, plus beau lui-même encore.

« O Mopsus! ô divin poète! répond Menalque, vos vers sont pour moi ce qu'un doux sommeil sur l'herbe tendre est aux bergères fatiguées; ils sont pour moi ce qu'une source d'eau limpide est au voyageur altéré pendant les chaleurs brûlantes de la canicule; car vous savez combien j'aimais Daphnis, et combien j'en étais aimé! etc., etc. »

Écoutez ce que, dans la tragédie de *la Mort d'Abel*, un des poètes les plus connus de notre temps fait dire par Abel à Méhala, son épouse. Il croit, lui, que le plus grand malheur qui puisse arriver à un frère, le plus cruel supplice qu'il lui soit possible d'endurer, c'est de vivre en discorde avec son frère.

Tout lui semble moins beau, et lui

devient même odieux, depuis sa désunion avec son frère.

Je l'avouerai, ces lieux où règne le bonheur,
Mon encens honoré des regards du Seigneur,
De mes jeunes enfans les transports, les caresses,
. . . .
Et surtout ton amour, trésor de ton époux,
Sans doute pour Abel sont des trésors bien doux;
Mais si, fuyant mes bras, mon frère me rejette,
Je n'ai même avec toi qu'une joie inquiète;
Je suis moins satisfait des divines bontés,
Et ces champs, à mes yeux, semblent désenchantés....
O temps de notre enfancce! ô tendresse première!
Momens plus doux alors, Caïn aimait son frère;
Alors il unissait ses plaisirs à mes jeux;
A raffermir nos pas nous nous aidions tous deux;
Nous nous confions tout, plaisirs, espoirs, alarmes;
La main d'un frère, hélas! seule essuyait mes larmes.

On a vu des frères pousser leur attachement jusqu'à se dévouer les uns pour les autres.

Le Tartare Kong-long, faisant la guerre au prince Onci, assiégeait une ville défendue par deux frères. Ceux-ci, après un siége de dix mois, furent contraints de se rendre. Kong-

Iong mit en délibération dans un conseil de guerre, s'il fallait faire mourir les deux frères; ou seulement l'un des deux. On fut alors témoin du spectacle le plus touchant: les deux frères, présens à cette délibération, à la tête de la garnison prisonnière, se disputaient à qui mourrait l'un pour l'autre; leurs officiers et leurs soldats, le genou en terre, s'offraient pour victimes, et demandaient à mourir pour leurs commandans. Kong-Iong, touché de ce qu'il voyait, s'écria que de si braves gens méritaient de vivre, et mit sur-le-champ les deux frères en liberté.

Ce qui m'afflige encore davantage, c'est que je crois, mon neveu, que l'envie entre pour beaucoup dans les mauvais sentimens que vous montrez pour votre frère; et, généralement parlant, qu'est-ce que l'envie? Quel égarement de l'esprit plus vil et plus méprisable! A la vue des succès les uns des autres, comme le dit Corneille, les hommes ne devraient-ils pas n'être accessibles qu'à une noble émulation?

Je vois d'un œil égal croître le nom d'autrui,
Et tâche à m'élever tout aussi haut que lui,
Sans hasarder ma peine à le faire descendre :
La gloire a des trésors qu'on ne peut épuiser ;
Et plus elle est prodigue à nous favoriser,
Plus elle en garde encore où chacun peut prétendre.

CORNEILLE.

Apelle ne connaissait que de réputation le peintre Protogène de Rhodes. Il fit un voyage exprès pour s'assurer par lui-même de la beauté de ses ouvrages. Quand il arriva chez Protogène, il ne s'y trouva qu'une vieille femme qui gardait l'atelier, et un tableau monté sur le chevalet, où il n'y avait rien de peint. La vieille demanda à Apelle son nom : « Je vais le mettre ici », lui répondit-il ; et prenant un pinceau avec de la couleur, il dessina quelque chose d'une extrême délicatesse. Protogène, instruit à son retour de ce qui s'était passé, et considérant le dessein avec admiration, en reconnut aussitôt l'auteur : « C'est Apelle, s'écria-t-il ; il n'y a que lui au monde qui soit capable d'un dessin de cette finesse et de cette légèreté » ; et prenant d'une autre couleur, il fit sur les mêmes traits un contour plus correct et plus délicat, et dit à sa gouvernante que si l'étranger revenait, elle n'avait qu'à lui montrer ce qu'il venait de faire, et l'avertir en même temps que c'était là l'ouvrage de l'homme qu'il était venu chercher. Apelle, honteux de se voir en cela inférieur à son émule, prit d'une troisième couleur ; et parmi les traits qui avaient été faits, il en conduisit de si savans et de si merveilleux, qu'il y épuisa toute la subtilité de l'art. Protogène, en distinguant ces derniers traits, s'écria : « Je suis vaincu, et je cours embrasser mon vainqueur » ! En effet, il courut au port où, ayant trouvé son rival de gloire, il se lia avec lui d'une amitié éternelle.

Un frère envieux de la gloire de son frère ! quelle monstruosité ! ne doit-il pas être au contraire le premier à y applaudir, et à la défendre comme un bien de famille ?

Dans la disposition d'esprit que je vous reproche, Adolphe, vous affectez, à l'exemple d'autres étourdis de notre temps, de déprimer l'état militaire que professe votre frère ; et, corbleu ! cela m'offense encore, à quelque époque que vous veuillez rattacher votre critique. Savez-vous, Adolphe, que la profession des armes est la plus honorable de toutes aux yeux de la société, en ce qu'elle est celle où l'on se dévoue le plus entièrement, le plus absolument à ses intérêts. Où marche le guerrier en allant combattre les ennemis du pays qui l'a vu naître ? à la mort ou à des blessures et à des infirmités mille fois pires qu'elle, et dont vous ne sauriez jamais lui donner dans sa vieillesse prématurée un dédommagement suffisant, vous qu'il couvre de son corps, à qui il conserve les biens et la vie même !

Dans ma lettre à votre frère, j'ai témoigné un juste mépris pour ceux qui, cédant à une brutale fureur, font la guerre comme un métier, et sont toujours prêts à vendre bassement leur épée à quiconque l'achète, contre quiconque refuse noblement de la mettre à un prix honteux, ou ne peut la payer assez cher, de quelque côté d'ailleurs que se trouve l'équité ; mais avez-vous pu croire que je voulusse étendre ce mépris à ces héros qui prennent noblement les armes à la voix de la patrie ou de la justice, les portent avec honneur tant que l'intérêt de l'une ou de l'autre l'exige, et n'ambitionnent les grades que l'on peut acquérir sous ce joug glorieux, mais pesant, que comme un poste d'où ils pourront être plus utiles à la bonne cause ? Hommage, hommage éternel à ces hommes, faits pour servir de modèles à tous les autres, et qu'ils ne sauraient jamais assez dignement récompenser ! loin qu'aucune flétrissure puisse s'attacher à leur nom ; qu'en dépit de l'envie, et de toutes les petites passions que froisse et que soulève un légitime triomphe, ce nom vole d'âge en âge jusqu'à la postérité la plus reculée !

Mon neveu, connaissez-vous toutes les vertus du soldat ? Croyez-vous qu'elles se bornent au courage, au dévouement qu'il montre sur le champ de bataille ? L'avez-vous suivi, de l'œil seulement, dans ces privations multipliées, dans ces sacrifices incroyables qui se renouvellent pour lui presque à chaque campagne, et dont il accepte l'honorable fardeau avec des cris de joie et des chants de victoire ? Vous avez entendu parler de massacres, de pillages; mais sont-ce là tous les événemens de la guerre, et ne voulez-vous juger d'une armée que par les excès de quelques circonstances et des crimes individuels? Savez-vous que le désintéressement du militaire va quelquefois jusqu'à l'héroïsme, et qu'il n'est point d'expéditions dans lesquelles on n'en puisse citer des traits touchans! Le nom de Bayard n'est-il pas venu jusqu'à vous? Ah! il vous aurait rempli d'une juste vénération pour celui de guerrier, et quiconque en eût été revêtu vous paraîtrait au moins mériter d'être entendu avant que condamné.

Blessé à la prise de Bresse, on porta Bayard dans l'une des maisons de cette ville, pendant que toutes les autres étaient livrées au pillage et à la dévastation! La maîtresse de la maison, femme recommandable par sa naissance et par ses vertus, vint se jeter aux genoux du chevalier, en lui disant d'une voix entrecoupée de sanglots : *Ah ! seigneur, sauvez-moi la vie, sauvez l'honneur à mes filles !* — *Rassurez-vous, madame,* lui répondit Bayard, *votre vie et leur honneur seront en sûreté tant que j'existerai.* Bayard tint parole à son hôtesse, qui, en revanche, lui prodigua les soins les plus assidus. Quand le chevalier fut guéri et qu'il eut fixé le jour de son départ, cette dame, entrant dans sa chambre, se mit à genoux, et lui dit : *Monseigneur, nous vous devons la vie ; tous nos biens vous appartiennent par le droit de la guerre : mais après tant de preuves de générosité que vous nous avez déjà données, nous osons espérer que vous daignerez vous contenter de ce faible tribut ;* et en même temps elle fit déposer sur la table du chevalier un coffre d'acier plein de ducats.

Madame, lui répondit Bayard, *combien y en a-t-il ?* — *Monseigneur*, répondit-elle en tremblant, *il n'y en a que deux mille cinq cents, c'est tout ce que nous avons pu en ramasser; mais si vous en exigez davantage, nous aurons recours à nos amis. — Croyez, madame,* reprit le chevalier, *que je n'ai point oublié les bons traitemens que j'ai reçus chez vous, et qu'ils sont plus précieux à mes yeux que cent mille ducats : ainsi, reprenez votre argent, et comptez toujours sur mon amitié.* Il lui tendit la main pour la relever; mais elle protesta qu'elle ne quitterait point cette posture qu'il n'eût accepté son présent. *Eh bien*, lui dit-il, *je le reçois; mais ne m'accorderez-vous pas, à votre tour, la satisfaction de faire mes adieux à vos aimables filles?* Tandis qu'elle allait les chercher, le chevalier partagea l'argent en trois lots. *Mesdemoiselles*, leur dit-il en les voyant entrer, *les sentimens que vous m'avez inspirés ne s'effaceront jamais de mon cœur: je ne savais comment reconnaître les soins que vous avez pris de moi pendant ma maladie, car les gens de ma profession ne sont guère chargés de bijoux; mais voilà deux mille cinq cents ducats dont je puis disposer: recevez-en chacune mille, comme un présent de noces; je l'exige, et je vous en prie. Quant aux cinq cents qui restent, je les ai destinés aux couvens de religieuses qui auront le plus souffert, et j'exige encore que vous-mêmes en fassiez la distribution. — Fleur de chevalerie*, s'écria la mère, *puisse le Dieu qui souffrit la mort pour nous, te récompenser dignement en ce monde et en l'autre!* Les deux filles tombèrent à ses genoux, versèrent des larmes, gardèrent le silence. Obligées par Bayard d'emporter l'argent, elles vinrent présenter au chevalier chacune un bracelet tissu de leurs cheveux. Ce fut le seul don que le chevalier voulut accepter. Il se fit attacher les bracelets aux bras, en jurant qu'il ne les ôterait point tant qu'ils dureraient.

Ce même trait s'est renouvelé de notre temps, au milieu de ces armées que leurs marches longues et précipitées ont quelquefois entraînées dans de si grands désordres ; en Espagne où de si horribles excès furent, par animosité, commis de part et d'autre. Un officier français, au moment où une ville y fut prise de vive force, en protégea généreusement un habitant et sa famille ; et le prix qu'on le força, pour ainsi dire, d'en accepter, est la preuve vivante de son action, puisqu'à la prière du père de famille il devint l'époux d'une des vierges qu'il avait si noblement dérobées à l'infamie.

Mon neveu, pourquoi donc est-il nécessaire, en vous rappelant ce que vous devez aux plus doux sentimens de la nature, de défendre vos compatriotes contre vous? N'aimeriez-vous pas votre patrie! Ah! je commanderais à votre famille de vous désavouer! Qui ne reconnaît pas de patrie ne doit point avoir de parens. Qu'il reste désormais étranger partout : pourrait-il trouver un asile quelque part, après s'être montré ingrat du plus sacré de tous!

M. de Tourville, célèbre amiral français, se préparait à faire une descente en Angleterre, dans le commencement du règne de Guillaume. Comme il se proposait d'aborder à Sussex, il fit venir un pêcheur de cet endroit, récemment fait prisonnier. Il espérait en apprendre ce que le peuple pensait du gouvernement : « Tes compatriotes, lui demanda-t-il, aiment-ils le roi Jacques? Sont-ils attachés au prince d'Orange ou au roi Guillaume comme vous l'appelez ? Sont-ils contens du Gouvernement actuel » ? Le pêcheur resta interdit à ces questions. « Je n'ai jamais entendu parler, répondit-il, des messieurs que vous me nommez; ils peuvent être de très-bons seigneurs ; je ne veux de mal ni à l'un ni à l'autre : ils ne m'en ont jamais fait, et je ne les connais pas. Je souhaite que le ciel les bénisse. Quant au Gouvernement, comment voulez-vous qu'un homme qui ne sait ni lire ni écrire puisse y entendre quelque chose ? Je m'occupe de ma barque, de mes filets, de la vente de mes poissons, et puis c'est tout ». L'amiral comprit, à la manière dont cet homme s'exprimait, qu'il ne lui en imposait pas sur son ignorance : « Au moins, lui dit-il, vous m'avez l'air d'un bon matelot; et comme vous êtes indifférent pour les deux partis, vous ne pouvez refuser de servir dans mon vaisseau. — Moi ! s'écria sur-le-champ le pêcheur, je combattrais contre mon pays! je ne le ferais pas pour la rançon du roi ! »

J'ai remarqué que si votre frère n'est point votre ami, vous n'en avez, pour bien dire, aucun. Je sais qu'il ne manque pas de gens qui ont le droit de vous prendre la main partout où ils vous rencontrent, et de vous dire : *Bon jour, mon ami*; sûrs de recevoir de vous en échange une caresse pareille. Mais sont-ce là des amis? Où trouverai-je les hommes qui, vous voyant dans l'embarras, s'y mettraient eux-mêmes pour vous en tirer, et envers lesquels vous montreriez le même dévouement? Tels doivent être cependant les amis.

Le célèbre *Voiture*, qui vivait sous le règne de Louis XIII, ayant perdu tout son argent au jeu, écrivit la lettre suivante à l'abbé Costar, son ami intime :

« Je perdis hier tout mon argent, et « deux-cents pistoles au-delà, que j'ai « promis de rendre dès aujourd'hui. Si « vous les avez, ne manquez pas de « me les envoyer : si vous ne les avez « pas, empruntez-les. De quelque fa-

« çon que ce soit, il faut que vous me « les prêtiez ; et gardez-vous bien de « souffrir qu'un autre vous enlève cette « occasion de me faire plaisir : j'en « serais fâché pour l'amour de vous. « Comme je vous connais, vous auriez « de la peine à vous en consoler. Afin « d'éviter ce malheur, vendez plutôt « ce que vous avez..... Vous voyez « comme l'amitié est impérieuse. Je « prends un certain plaisir à en user de « la sorte avec vous, et je sens bien « que j'en aurais encore un plus grand « si vous en usiez ainsi avec moi ; mais « vous êtes un poltron : jugez s'il ne « faut pas que je m'assure bien de « vous.... Je donnerai ma promesse « à celui qui m'apportera votre argent, « Bonjour. »

L'abbé Costar répondit en ces termes : « J'ai une extrême joie d'être en état de « vous rendre le petit service que vous « exigez de moi. Jamais je n'eusse pensé

« qu'on eût tant de plaisir pour deux « cents pistoles. Après l'avoir éprouvé « je vous donne ma parole que j'au- « rai, toute ma vie, un petit fonds tout « prêt aux occasions où vous en aurez « affaire.....Ordonnez-moi donc har- « diment ce qu'il vous plaira : vous « ne sauriez prendre tant de plaisir à « me commander que j'en aurai à vous « obéir ; mais quelque soumis que je « sois, je me révolterais si vous vou- « liez m'obliger à prendre une pro- « messe de vous. »

M. S*** perd un ami qui, en mourant, laisse des dettes et deux enfans en bas âge, sans biens, sans espérances, sans ressources. L'Ami qui lui survit supprime son train, son équipage, et va se loger dans un faubourg, d'où, tous les jours, il vient, suivi d'un laquais au palais, pour remplir les devoirs de sa charge. On le soupçonne d'avarice de mauvaise conduite; il est en butte à toutes les calomnies. Enfin, au bout de deux ans, M. S*** reparaît dans le monde : Il avait amassé une somme de vingt mille livres, qu'il plaça au profit des enfans de son ami.

Trois Arabes vivaient dans la plus étroite amitié. L'un d'eux, nommé *Vaked*, était dans la dernière indigence. Une des fêtes les plus solennelles du musulmanisme approchant, sa femme lui dit : « Je ne murmure point contre la Providence, de ce qu'elle nous a réduits dans une situation si déplorable, et je supporte avec résignation toutes nos disgraces. Mais voici la fête qui arrive, et je vous avoue que j'aurai beaucoup de peine à voir mes enfans avec des habits déchirés, tandis que ceux de nos plus proches parens seront vêtus avec magnificence. Trouvez, je vous prie, s'il est possible, quelque expédient qui nous mette à couvert de cette honte ». Vaked, après quelques réflexions, écrivit les paroles suivantes à l'un de ses deux amis : « Je suis dans une extrême nécessité, et la fête approche ». Il reçut bientôt, pour toute réponse, une bourse remplie d'or. Étonné de ce présent, il se rendit sur-le champ chez son ami, pour apprendre de lui-même s'il n'y avait pas de méprise ; mais cet homme généreux fit appeler leur troisième ami, et leur dit à tous deux : « Voici tout l'argent que je possède ; trouvez bon que nous le partagions entre nous, pour subvenir à nos besoins communs ». Peut-on donner plus noblement et avec plus d'amitié ?

Voulez-vous, mon neveu, recouvrer cette précieuse sensibilité que vous ont fait perdre vos prétendus systêmes philosophiques, rapprochez-vous des hommes autrement que par vos amitiés insignifiantes, et commencez par les plus malheureux d'entre eux. L'aumône est une vertu qui rouvrira votre cœur aux sentimens qui dans toutes les conditions font le bonheur et le charme de la vie. Donnez, et donnez souvent ; et par le plaisir que d'autres paraissent avoir éprouvé à le faire, jugez de celui qui vous attend vous-même.

Moudir-Ben-Mogheirah raconte, dans le livre du Nighiaristan, qu'étant tombé dans une extrême indigence, il quitta Damas son pays, et vint à Bagdad avec ses enfans, dans le temps que le célèbre Fadhel-Ben-Tahia était en faveur auprès du calif Haroun-Al-Raschild. Lorsqu'il fut arrivé sur la grande place du marché, il mit ses enfans à la porte de la grande mosquée, et alla chercher fortune. Il vit d'abord une foule de gens de qualité qui paraissaient s'assembler pour assister à quelque festin. Comme la faim le pressait, il résolut de les suivre, et entra avec eux dans un palais magnifique, où d'abord la porte ayant été ouverte, on les fit passer tous jusque dans la salle du festin. « Chacun, dit-il lui-même, s'étant mis à table, je pris aussi ma place; et ayant demandé à celui qui était assis auprès de moi le nom du maître du logis, il me dit que c'était Fadhel. Quoique cette question même m'eût fait connaître pour étranger, on ne laissa pas de me souffrir avec les autres, et de me présenter une assiette d'or, comme à tous les convives, et après le repas, deux sachets de parfums qu'on emportait chez soi avec l'assiette. Enfin, la compagnie se séparant, je m'acheminais vers la porte, lorsqu'un valet de la maison m'arrêta. Je crus alors qu'on voulait me faire rendre ce que j'emportais; mais on me dit seulement que Fadhel voulait me parler : je me présentai donc devant lui. Il me dit d'abord qu'il m'avait reconnu pour étranger parmi les autres, et que sa curiosité l'avait porté à apprendre de moi quelle aventure m'avait conduit dans sa maison. Je lui fis un détail de tout ce qui m'était arrivé; et l'histoire de mes misères le toucha si fort, qu'il m'invita à demeurer le reste de la journée en conversation avec lui. Comme la nuit approchait, je le priai de me permettre d'aller apprendre des nouvelles de mes enfans. Il me demanda où je les avais laissés, et lui ayant répondu qu'ils étaient à la porte de la mosquée: « Eh bien, dit-il; il n'y a rien à craindre pour eux; ils sont à la garde du Très-Haut ». Puis, appelant un de ses domestiques, auquel il dit un mot à l'oreille, il continua la conversation, et voulut que je passasse la nuit dans son palais. Le lendemain, à mon réveil, il me donna un homme pour me conduire à la mosquée; mais, au lieu d'en prendre le chemin, ce domestique me mena dans une belle maison richement meublée, où je trouvai mes enfans. Le généreux Fadhel les y avait fait conduire la veille; et c'était pour travailler à ma fortune que cet homme bienfaisant m'avait retenu auprès de lui sans me connaître. »

Mais, loin que je trouve en vous des dispositions à ce sentiment général de bienveillance pour les autres hommes, j'ai cru remarquer que lorsqu'ils vous font quelque tort, aucune réparation, aucun service ne saurait ensuite les réconcilier avec vous, ou les mettre seulement à l'abri de votre vengeance. L'histoire de la Pologne nous offre cependant à ce sujet, dans la personne d'un de ses rois, un exemple devant lequel devrait se taire tout ressentiment particulier, quelque grande et légitime qu'en pût être la cause.

Au moment où un grand nombre de Polonais étaient armés contre leur souverain Stanislas-Auguste, ce prince fut enlevé, dans Varsovie même, par un parti ennemi. Il marchait depuis long-temps hors de la ville, avec ses ravisseurs, dans l'état le plus déplorable. Il avait reçu un coup de sabre sur la tête et plusieurs blessures au corps. Bientôt il se trouva seul avec un des chefs de la troupe, nommé Kosiuski. Cet homme, paraissant, depuis quelques instans, se livrer à de profondes réflexions, dit tout d'un coup : « Vous souffrez, vous « êtes pourtant mon roi. » — Oui, répondit Stanislas, et même un bon roi, qui jamais ne vous a fait et qui ne vous veut aucun mal. — Mais les Russes nous attaquent jusque dans nos maisons. — Si vous étiez mieux informés, vous sauriez que c'est moi qui intercède continuellement auprès des Russes lorsque vous êtes leurs prisonniers. Ne sont-ce pas vos chefs qui ont appelé ici les Russes, et puis se sont brouillés avec eux ? Aujourd'hui même encore, j'ai obtenu un ordre des généraux russes pour qu'on n'inquiète pas ceux d'entre vous autres confédérés qui demeurent dans leurs villages, et qui ne sont pas sous les armes ». Pendant ce dialogue, Kosiuski et son prisonnier avançaient toujours. Le roi, qui s'aperçut que son conducteur était tellement troublé qu'il ne savait plus où il allait, lui dit : « Je vois que vous ne savez de quel côté tourner vos pas ; laissez-moi entrer dans ce couvent, et sauvez-vous. — Non, j'ai prêté serment ». Stanislas continua à le solliciter de rentrer dans son devoir. Ils arrivèrent ainsi auprès de Marimont, maison de campagne à une lieue et demie de Varsovie. Le roi demanda à se reposer ; Kosiuski y consentit, et le prince s'assit sur la terre. Alors il recommença ses instances. « Mais, dit Kosiuski, si je vous remène à Varsovie, on se saisira de moi, et je serai malheureux le reste de ma vie. Il ne vous sera pas fait de mal, reprit le monarque ; mais si vous ne croyez pas à ma promesse, sauvez-vous, il en est temps en-

encore ; fuyez, et j'indiquerai une route opposée à celle que vous allez prendre. »

Kosiuski n'était qu'un homme égaré : ces derniers mots le firent rentrer en lui-même. Tombant aux pieds du roi, et embrassant ses genoux, il lui demanda pardon d'un ton pénétré, et s'abandonna à sa générosité. Stanislas le releva, et lui donna sa parole royale qu'il ne lui arriverait rien de fâcheux.

Après cette scène de repentir et de bonté ils se levèrent et allèrent frapper à la porte d'un moulin peu éloigné d'eux. Stanislas s'y fit passer pour un seigneur qui venait d'être maltraité par des brigands. Il écrivit un billet au général Coccey, commandant des gardes de la couronne, pour l'informer de sa situation et du lieu de sa retraite. Il se jeta ensuite sur un mauvais grabat, et Kosiuski s'assit sur une chaise auprès de lui, tenant le sabre nu à la main. C'est dans cet état que Coccey, arrivant avec sa troupe, trouva le roi de Pologne.

Cependant Kosiuski, après avoir suivi la voiture du roi jusqu'à Varsovie, se constitua prisonnier. Sur les indications qu'il donna, on se mit à la recherche des assassins. Plusieurs soldats furent arrêtés, ainsi que deux des principaux chefs. L'instruction du procès fournit les preuves les plus claires contre tous, et l'on allait les condamner, lorsque Stanislas parut au milieu des juges, pour prendre la défense de Kosiuski. Voici le discours que la reconnaissance qu'il croyait devoir à ce malheureux lui fit prononcer devant le tribunal :

« Exclu du rang des juges dans la cause que vous allez décider, ce n'est point pour en exercer les fonctions que je parais ici, mais pour rendre à la vérité un témoignage que personne n'est en état de lui rendre comme moi. Je dois la vie à Jean Kosiuski, que vous voyez devant vous. Dans la nuit du 3 au 4 novembre, lorsque j'étais entre les mains de la troupe qu'il commandait, j'entendis plusieurs de ses complices lui dire à diverses reprises : *Permettez-nous de le hacher en pièces ;* ce qu'il leur défendit toujours avec une fermeté inébranlable. Il les porta même à me traiter avec plus de douceur, et à user envers moi de quelques condescendances que ma situation me rendait infiniment précieuses. Sur ses instances, l'un d'entre eux me prêta son bonnet, l'autre une botte, service d'autant plus important alors pour moi, que la rigueur d'une nuit orageuse irritait la blessure que j'avais reçue à la tête, et que ma jambe, nue et déchirée, me causait la plus vive douleur. Il fit plus, il eut l'adresse d'écarter jusqu'au dernier de ses compagnons ; et dès qu'il se vit seul avec moi, il m'appela son roi et se jeta à mes genoux, quoiqu'il fût armé et que je me trouvasse sans défense, et affaibli par une blessure dangereuse. Il pouvait se sauver, il en avait le temps et les moyens; mais il préfera rester auprès de moi et me donner des secours, en disant : « Je sens bien que la mort m'attend à Varsovie, mais je ne vous quitterai point, sire, que je ne vous y aie reconduit ». Un procédé si généreux me pénétra jusqu'au fond du cœur, et je lui promis solennellement de prendre sa défense. Rassuré par cette promesse, il redoubla ses soins et son empressement pour me servir, et me conduisit enfin à la cabane du meunier, où j'attendis l'escorte de Varsovie. Pendant que je prenais dans cette cabane un peu de repos sur un mauvais lit, mais bien précieux alors pour moi, Kosiuski, qui se trouvait de nouveau, en quelque sorte, maître de ma vie, en fut le fidèle gardien. Il fallait non-seulement qu'il fût bien convaincu de la noblesse et du prix de ses derniers procédés à mon égard, mais encore qu'il eût mis toute sa confiance dans ma parole royale, puisque, sans y être contraint, il vint à Varsovie avec toute la suite qui m'environnait alors. Personne ne l'observait; cent fois il aurait pu s'échapper et disparaître : mais, à mon arrivée au château, il vint de lui-même se présenter devant moi, preuve authentique de la confiance qu'il avait en ma parole : c'est cette confiance que je viens justifier.

« Je renouvelle ici cette parole que je lui ai donnée, et c'est moins pour lui que pour moi que je parle. Quelle honte en effet, quelle douleur éternelle pour moi, si, par une promesse indiscrète, j'avais occasionné la mort d'un homme à qui je dois la vie, qui aurait pris trop de confiance dans la sincérité de mes engagemens! Nobles juges, je n'ose douter que vous ne sentiez en ce moment tout ce que la délicatesse et l'honneur exigent de vous. Ne rendez pas vaine la parole de votre roi, d'un roi à qui vous avez donné tant de témoignages d'amour, et ne le forcez point à se retracer avec plus d'horreur le souvenir de sa délivrance que celui du danger qu'il a couru, en rendant son libérateur la victime de la confiance qu'il a eue en lui. O vous, qui tant de fois avez juré de hasarder vos jours pour moi, ne faites point à mon cœur une blessure plus douloureuse, plus insupportable que celles que mon corps a reçues ! s'il était possible que votre arrêt devînt funeste à Kosiuski, je n'aurais plus dans toute ma vie un seul instant de tranquillité. Poursuivi par l'image sanglante de mon libérateur, je croirais entendre partout devant moi son ombre vengeresse qui m'accuserait d'ingratitude et de perfidie. Si vous m'aimez, Polonais, épargnez-moi ce tourment honteux ; comme juges, souvenez-vous que s'il a été coupable un moment, il a réparé sa faute par les plus grands services; comme législateurs, comme hommes, et surtout comme chrétiens, vous n'ignorez pas combien il est dangereux de fermer le chemin au repentir, et que si l'intention du mal est punie sans que la plus utile réparation puisse mettre à l'abri du supplice, c'est entraîner invinciblement à l'exécution du crime ceux qui seraient encore susceptibles d'un retour généreux vers le bien. Mais, je le répète, je croirais blesser la délicatesse de vos sentimens et l'équité qui vous guide, si je doutais de votre empressement à accorder à Kosiuski la vie et la liberté que je réclame pour lui : j'aime à me persuader que jamais la rigueur du destin qui me poursuit n'ira jusqu'à trahir la confiance avec laquelle je vous adresse cette prière ». Stanislas ne borna point à ce discours ses efforts pour sauver celui qui l'avait sauvé lui-même ; et il ne prit de repos à cet égard que lorsqu'il le vit, du consentement des juges, retiré dans un lieu éloigné où il lui fit payer exactement une pension suffisante à ses besoins.

Pour vous corriger encore mieux de votre humeur implacable, Adolphe, apprenez combien fut bon pour un homme qui ne lui avait fait que du mal, un des magistrats chargés particulièrement de la répression des crimes.

Paris fut affligé d'une longue et cruelle famine en 1662. Un soir des grands jours d'été, M. de Salo, conseiller au parlement, venait de se promener, suivi d'un seul domestique. Un homme l'aborde, lui présente un pistolet, et lui demande la bourse ou la vie, mais en tremblant lui-même. « Vous vous adressez mal, lui dit le magistrat ; je ne vous ferai guère riche : je n'ai que trois pistoles que je vous donne très-volontiers ». Le malheureux les prit, et s'en alla sans lui rien demander davantage. « Suis adroitement cet homme-là, dit M. de Salo à son domestique; observe le mieux que tu pourras où il se retirera, et ne manque pas de me le dire». Le domestique suivit le voleur à travers trois ou quatre petites rues, et le vit entrer chez un boulanger où il acheta un pain de huit livres, changeant pour cela une des pistoles que M. de Salo venait de lui donner. A dix ou douze maisons plus loin, il entra dans une allée, monta à un quatrième étage; et en arrivant chez lui, où l'on ne voyait clair qu'à la faveur de la lune, il jeta son pain au milieu de la chambre, et dit, en pleurant, à sa femme et à ses enfans: « Mangez; voilà un pain qui me coûte cher: rassasiez-vous-en, et ne me tourmentez plus comme vous faites. Malheureux que je suis! hélas! un de ces jours je serai pendu, et vous en serez la cause ». La femme, qui versait un torrent de larmes, l'ayant appaisé le mieux qu'il lui fut possible, ramassa le pain et en donna à quatre enfans qui mouraient de faim. Quand le domestique de M. Salo sut tout ce qu'il voulait savoir, il descendit aussi doucement qu'il était monté, et rendit un compte fidèle à son maître de tout ce qu'il avait vu et entendu. « As-tu bien remarqué où il demeure, et pourras-tu m'y conduire demain matin? lui dit M. de Salo. — Oui, monsieur; fort aisément ». Le lendemain, dès cinq heures du matin, le conseiller suivit son domestique, et trouva, à l'endroit indiqué, deux servantes qui balayaient la rue. Il demanda à l'une, qui était un homme qui demeurait dans la maison que le domestique lui montra, et qui occupait une chambre au quatrième. « C'est, monsieur, lui répondit-elle, un cordonnier, bon homme et bien serviable, mais chargé d'une grosse famille, et si pauvre, qu'on ne peut l'être davantage. » Il fit la même demande à l'autre servante, et en obtint à peu près la même réponse; puis il monta chez l'homme qu'il cherchait, et frappa à la porte. L'infortuné la lui ouvrit lui-même, et le reconnut aussitôt pour la personne qu'il avait volée le soir précédent. Il se jeta à ses pieds, lui demanda pardon, et le supplia de ne le point perdre. « Ne faites point de bruit, lui dit M. de Salo; je ne viens point ici dans ce dessein-là. Vous faites, mon ami, un méchant métier; et pour peu que vous le fassiez encore, il suffira pour vous perdre, sans que personne s'en mêle. Je sais que vous êtes cordonnier : tenez, voilà trente pistoles que je vous donne; achetez du cuir, et travaillez à gagner la vie à vos enfans. »

Si votre dureté, mon neveu, n'est

point le fruit d'un systême aussi affreux que ridicule, d'où peut-elle provenir? d'orgueil : eh, de quoi seriez-vous orgueilleux? de votre richesse.....

« Dans l'ordre des biens qui font le désir des hommes, dit madame de Lambert, les richesses tiennent un grand rang. Elles ont osé croire qu'elles rétabliraient l'homme dans sa première dignité; qu'elles avaient un équivalent à tout ce qu'il a perdu; qu'elles remplaceraient par leur faste la véritable grandeur dont il est déchu; qu'elles substitueraient au bien réel de l'ame les biens extérieurs; qu'elles remplaceraient, par les dehors, tous les avantages du dedans dont il s'est privé par son infidélité.

« Il est vrai que les richesses ont usurpé une certaine supériorité qui n'était due qu'aux grandes qualités. Elles inspirent à la plupart des hommes une certaine hauteur; mais ce n'est pas une hauteur de dignité, ce n'est qu'une hauteur d'illusion. Elles occupent une place dans notre esprit et dans notre cœur qui ne leur est pas due; elles dégradent l'homme et l'anéantissent. Le chrétien qui se livre à l'amour des richesses doit renoncer à la gloire. On a vu d'illustres scélérats; mais l'on n'a jamais vu d'illustres avares. Le désintéressement nous ouvre la porte à toutes les vertus : l'amour du bien prépare l'ame à bien des vices ; il occupe dans notre cœur la place du souverain Être ; il nous fait oublier nos premiers devoirs, et échapper aux lois de notre dépendance. Nous croyons tout trouver dans les richesses ; elles favorisent nos desseins ; elles satisfont à tous nos besoins ; elles calment nos craintes : les vices sont en sûreté et à leur aise avec elles. La licence et l'impunité étant un des grands privilèges de la richesse, l'homme puissant s'est fait une citadelle dans son cœur, qui le met en sûreté contre les approches de la vérité et contre les reproches de sa raison et de sa conscience. Les grandes fortunes ne sont pas seulement l'aliment de notre amour-propre ; elles sont aussi l'appui de notre faiblesse, et les lits où notre ame se repose : elle est faible et languissante sans elles ; mais souvent ces appuis sont trop forts, puisqu'ils font oublier notre soumission et notre dépendance.

« Les richesses sont vaines dans leur usage, insatiables dans leur possession, vaines par la fausse idée qu'elles nous donnent de nous-mêmes : idée qui n'est pas fondée sur notre être réel, mais sur notre être imaginaire. Tout ce qui entoure les favoris de la fortune sert leurs illusions. Ces vils adulateurs qui les approchent et qui déshonorent la louange par l'emploi qu'ils en font, ces poètes illustres, ces orateurs, ministres de la renommée, s'abaissent quelquefois jusqu'à servir leur amour-propre ; la renommée même les favorise : elle ne se charge que des actions d'éclat, et presque jamais des actions vertueuses. Tout contribue à soutenir cette fausse idée qu'ils ont d'eux-mêmes. Ils sentent que toute la nature ne travaille que pour eux : on ouvre les entrailles de la terre pour en tirer l'or et les pierreries ; les pierreries qui renferment toute la majesté de la nature, ne sont qu'à leur usage. Entrez chez eux, tout est en proportion avec cette idée de grandeur : maison superbe, table délicate, équipage magnifique. Tout ce qui les approche ne saurait être trop haut, trop élevé ; mais les règles de la proportion cessent dès qu'ils se tournent vers les autres : ils ne mettent leur gloire ni leur bonheur à faire celui d'autrui ; fausse idée de grandeur ! elle n'est pas dans le faste ; elle n'est pas aussi dans notre imagination : ce n'est pas elle qui vous fait grands, mais bien ce que vous êtes dans l'idée des autres ; et pour y être bien placés, il faut leur faire voir des qualités réelles et qui nous soient propres, et savoir leur être utiles : rien n'est si grand, et ne nous donne une place si illustre dans l'imagination des hommes, que de contribuer par son bien au bonheur public, que de faire passer ses richesses sur tant de malheureux : c'est leur donner un nouvel être que de les tirer de leur état. L'homme riche ne tourne ses regards vers les autres que pour comparer, que pour jouir de leur abaissement, et presque jamais pour les secourir : son cœur ne sent pas le besoin de faire des heureux.

« L'amour des richesses vient de la pauvreté de l'ame : si elle avait les biens réels que donne la vertu, elle ne courerait pas après elles. Mais empêcheront-ils, ceux qui font aussi des richesses leurs divinités, empêcheront-ils que la vérité ne vienne quelquefois tirer le rideau, ne leur montre la fausseté de leur opinion, et ne leur dise : « Vous vous méprenez ; le bonheur n'est pas où vous le placez ; apprenez que ces richesses, en satisfaisant à tous nos désirs, les multiplient, et augmentent nos besoins. Vous étendez les passions par leur usage ? »

Ajoutez à tout cela, mon neveu, que le triomphe acquis par la richesse est le plus triste de tous dans les momens où la réflexion vient combattre son illusion et suspendre l'éblouissement qu'il cause. La richesse, réduite à elle seule, ne vous élève pas véritablement au-dessus de la vertu, des services rendus à la société et des talens ; mais elle égale réellement à vous quiconque est parvenu ou parvient à la fortune, par quelques voies que ce soit, sans en excepter les plus infâmes. En votre qualité d'homme riche, pour qu'un homme riche soit votre égal, il suffit qu'il possède autant que vous sans qu'on puisse légalement le lui contester. Dans la somme de ses biens, comptent, avec les profits légitimes, les gains illicites de toute nature dont les magistrats ne peuvent lui demander compte, soit qu'ils les ignorent entièrement ou à peu près, soit qu'ils les connaissent, sans être autorisés par les lois à les réprimer et à les punir.

Devrais-je attribuer votre orgueil à la distinction de votre origine ? Ce n'est pas ainsi que je conçois la noblesse. Je crois qu'elle doit imposer des devoirs plus particuliers à remplir ; je la regarde comme une honte quand elle ne produit que des exemptions et des priviléges. Mon père ne m'a jamais dit : *Souviens-toi que tu es noble*, dans des occasions où il s'agissait pour tous de traits de dévouement et de grands sacrifices, qu'ainsi qu'au moment d'un assaut on dit à ceux des soldats qui marchent à la tête des autres : *Souvenez-vous que vous êtes grenadiers!* Quand on me présente un homme comme gentilhomme, je veux le trouver, sinon parfait, du moins disposé à tout faire pour le devenir ; et ce titre sous lequel il a paru devant moi en est un qu'il s'est acquis à ma sévérité, et non à mon indulgence. Si dans un pays où la noblesse serait reconnue par les lois, j'avais un fils qui prétendît s'en autoriser pour faire l'impertinent et pour se conduire mal, je lui dirais avec don Louis, dans le *Festin de Pierre :*

« Quelle bassesse est la vôtre ! Ne rougissez-vous point de mériter si peu votre naissance ! êtes-vous en droit, dites-moi, d'en tirer quelque vanité ? et qu'avez-vous fait dans le monde pour être gentilhomme ? Croyez-vous qu'il suffise d'en porter le nom et les armes, et que ce nous soit une gloire d'être sortis d'un sang noble, lorsque nous vivons infâmes ? Non, non, la naissance n'est rien où la vertu n'est pas. Aussi nous n'avons part à la gloire de nos ancêtres qu'autant que nous nous efforçons de leur ressembler; et cet éclat de leurs actions qu'ils répandent sur nous, nous impose un engagement de leur faire honneur, de suivre les pas qu'ils nous tracent, et de ne point dégénérer de leur vertu, *si nous voulons* être estimés leurs véritables descendans. Ainsi, vous descendez en vain des aïeux dont vous êtes né; ils vous désavouent pour leur sang, et tout ce qu'ils ont fait d'illustre ne vous donne aucun avantage : au contraire, l'éclat n'en rejaillit sur vous qu'à votre déshonneur, et leur gloire est un flambeau qui éclaire aux yeux d'un chacun la honte de vos actions. Apprenez enfin qu'un gentilhomme qui vit mal est un monstre dans la nature; que la vertu est le premier titre de noblesse; que je regarde bien moins au nom qu'on signe qu'aux actions qu'on fait; et que je ferais plus de cas du fils d'un crocheteur qui serait honnête homme, que du fils d'un monarque qui vivrait comme vous. »

Un noble impertinent me semble comparable à un sot qui, revêtu d'un manteau qu'on appelleroit celui de l'initiation à la magistrature croirait accomplir son noviciat et non mériter qu'il devînt éternel en affectant le mépris des mœurs et la violation des lois. Je voudrais qu'à la place de la médaille que les anciens chevaliers portaient à leur cou on en suspendît sur son cœur une autre sur laquelle on lut ces mots : *Là sont morts tous les sentimens louables, quelques encouragemens qu'ils aient reçus ; passant, qui que tu sois, fuis l'approche de ce fils dénaturé qui a nié son père et jeté sa cendre au vent.*

Secourir le pauvre, défendre l'opprimé, prêter un appui particulier à la veuve et à l'orphelin, se montrer affable et aimable à tout le monde ; afin que chacun puisse le mettre à même de lui être utile, ne chercher à se distinguer nulle part que par sa grandeur, son courage et son désintéressement ; tel doit être le gentilhomme, mon neveu : tels furent les anciens chevaliers ; et les rameaux ne vivent que de la souche.

Imputerai-je enfin votre orgueil à une trop bonne opinion que vous auriez de votre esprit et de vos talens ? Mais vos talens ne peuvent être encore que présumés, et votre esprit n'a brillé que dans des sociétés où il est possible de supposer qu'il n'a dû, en grande partie ses succès, qu'à l'extrême bienveillance de vos auditeurs. Je vous dirais dans ce cas : avant de prétendre nous faire sentir aussi durement le joug de ces avantages dont la gloire est à la nature plutôt qu'à vous, prouvez-nous au moins que vous les possédez véritablement ; et la première preuve que j'exige, c'est une conduite sans reproches et sans ridicules, car j'ai toujours cru que la meilleure manière de persuader qu'on a de l'esprit et de la capacité, est de se bien conduire. — Mais quels torts vous reproché-je, et de quels ridicules vous déclaré-je atteint ? — Corbleu ! mon neveu, vous me semblez en général, avec les modifications qu'y apporte la différence du genre de vie, coupable des mêmes torts et entachés des mêmes ridicules que votre frère ; seulement vos torts se remarquent moins parce que vous les cachez sous des dehors plus perfides, et vos ridicules paraissent davantage parce que telle action déplacée choque plus chez un citadin qui affecte le bon ton, que chez un homme qui, ayant passé une partie de sa jeunesse dans les camps, en conserve, par un amour mal-entendu pour les armes, la franchise brutale.

Votre frère est querelleur et entêté

par un faux point d'honneur; vous, vous êtes l'un et l'autre par présomption : Alexandre méprise les savans et les artistes, parce qu'il croit que la science de la guerre est la seule qui mérite d'être apprise et sue ; vous, le dédain que vous leur montrez, et la rigueur excessive avec laquelle vous condamnez leurs ouvrages, viennent de ce que vous vous estimez infiniment supérieur à chacun d'eux dans ce qu'il professe : votre frère est mal-prévenant et grossier envers les femmes, par suite de la rudesse militaire qu'il affecte avec tout le monde; vous, vous leur manquez sans cesse par fatuité, et pour persuader aux autres, et peut-être vous persuader à vous-même, qu'elles sont à votre discrétion, et qu'il est inutile que vous vous donniez la peine de chercher à leur plaire. Lequel, je vous le demande un peu, mon neveu, a des torts plus réels, et des ridicules plus révoltans, d'Alexandre ou d'Adolphe ? J'ai repris votre sœur pour l'indiscrétion de certains de ses regards : Adolphe, n'êtes-vous jamais du nombre de ceux qui provoquent ainsi les femmes à se manquer à elles-mêmes ? Qu'est-ce que cette affectation avec laquelle je vous ai vu vous placer sur leur passage, pour les embarrasser dans leur marche, et vous donner ainsi le plaisir de les fixer à votre aise, en leur décochant des quolibets et leur débitant des fadaises ? Je n'aime pas davantage les sourires de demie-intelligence dont vous gratifiez sans les connaître celles auxquelles vous voulez bien épargner ou envers lesquelles vous n'osez pas risquer ces indécentes plaisanteries. Mon neveu, de mon temps, quand un jeune homme comme vous rencontrait une femme sur son chemin, il se faisait un devoir de lui céder le haut du pavé, en la saluant respectueusement. On ne le voyait pas plus dans un lieu public, donner le scandale dont je me plains en ce moment, que chercher en société à se fonder pour l'avenir d'indignes droits, par des attouchemens surpris et des libertés dont la victime ne peut dans l'instant calculer ni même prévoir les conséquences.

Le monde est changé, dites-vous. Tant pis, mon neveu ! Sous ce rapport il est mal changé, et il faut le remettre dans un état voisin de celui qu'il occupait jadis. Cela vaudra mieux que de se désespérer de ses travers, comme le fait le cousin Anatole dont vous me parlez dans votre dernière lettre, et d'en concevoir une telle misanthropie qu'on songe par intervalles à se donner la mort. Se donner la mort, corbleu ! Jamais un homme devrait-il être poussé par son désespoir à un tel oubli de ses devoirs les plus sacrés, si commun cependant de nos jours! Mais se donner la mort parce que l'on remarque qu'au temps où nous sommes la société renferme dans son sein un assez bon nombre de scélérats et de mauvais sujets qui réussissent peu à peu à la démoraliser entièrement, pour la faire descendre plus tard à une désorganisation totale ! Triple grapin ! Si je voyais dans une rencontre avec un corsaire mon vaisseau couvert de forbans ; songerais-je à me tuer ? le cimetère au poing, je me mettrais à balayer mon bord. Sur terre, quand une sentinelle voit le territoire qu'elle est chargée de garder envahi, tourne-t-elle ses armes contre elle-même ? Ne lâche-t-elle pas tout simplement sa bordée aux assaillans, en cherchant encore à se replier sur le poste dont elle dépend, pour en augmenter la force, et l'aider à renverser les traîtres qui veulent le surprendre? Petit cousin Anatole, point de ces lâches idées, Morbleu ! Quoique bien mêlés, les hommes valent encore la peine que nous ne les abandonnions pas. A notre poste, cousin, si nous voyons l'ennemi ; et préparons-nous à lui bien disputer la victoire ! cela sera plus convenable que de la lui céder par le plus honteux désespoir qui se soit jamais vu. Mais n'oublions pas que c'est par notre contenance surtout qu'il faut lui imposer : si elle est ce qu'elle doit être, il sera à moitié vaincu après l'avoir remarquée. Prêchons le bien d'exemple, encore plus que de parole ; et, toujours en garde contre nous-même, n'oublions pas un seul instant, dans cette honorable entreprise, que le prédicateur qui fait le plus de conversions parce qu'on l'entend avec le plus d'intérêt et de confiance, est celui qui a soin de mettre sa conduite d'accord avec sa morale, et dont on cite autant de bonnes actions que de bonnes paroles.

FIN.

A PARIS DE L'IMPRIMERIE DE A. BELIN,
Rue des Mathurins S. J., hôtel de Cluny.

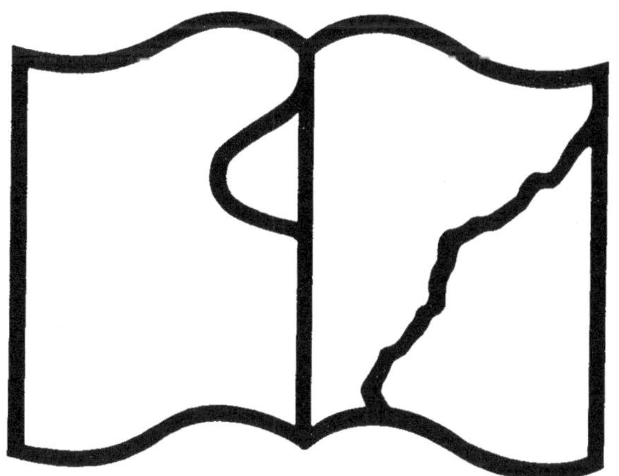

Texte détérioré — reliure défectueuse

NF Z 43-120-11

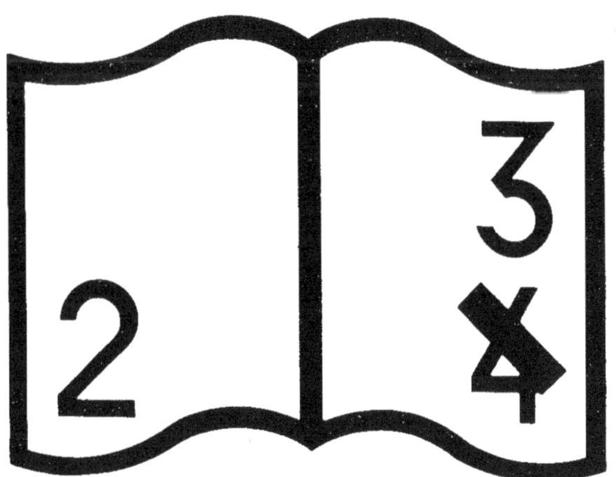

Pagination incorrecte — date incorrecte

NF Z 43-120-12

Contraste insuffisant

www.ingramcontent.com/pod-product-compliance
Ingram Content Group UK Ltd.
Pitfield, Milton Keynes, MK11 3LW, UK
UKHW020104200726
13856UKWH00002B/367